高效率宝典

时间管理技巧

子不言◎编著

中华工商联合出版社

图书在版编目(CIP)数据

高效率宝典：时间管理技巧 / 子不言编著. -- 北京：中华工商联合出版社，2020.12
ISBN 978-7-5158-2930-2

Ⅰ.①高… Ⅱ.①子… Ⅲ.①时间－管理－通俗读物 Ⅳ.①C935－49

中国版本图书馆CIP数据核字（2020）第 226928 号

高效率宝典：时间管理技巧

编　　著：	子不言
出 品 人：	刘　刚
责任编辑：	关山美
装帧设计：	北京任燕飞图文设计工作室
排版设计：	水京方设计
责任审读：	付德华
责任印制：	陈德松
出版发行：	中华工商联合出版社有限责任公司
印　　刷：	三河市宏盛印务有限公司
版　　次：	2024 年 5 月第 1 版
印　　次：	2024 年 5 月第 1 次印刷
开　　本：	710mm×1000mm　1/16
字　　数：	200 千字
印　　张：	14.25
书　　号：	ISBN 978-7-5158-2930-2
定　　价：	48.00 元

服务热线：010－58301130－0（前台）
销售热线：010－58302977（网店部）
　　　　　010－58302166（门店部）
　　　　　010－58302837（馆配部、新媒体部）
　　　　　010－58302813（团购部）
地址邮编：北京市西城区西环广场 A 座
　　　　　19－20 层，100044
http://www.chgslcbs.cn
投稿热线：010－58302907（总编室）
投稿邮箱：1621239583@qq.com

工商联版图书
版权所有　侵权必究

凡本社图书出现印装质量问题，请与印务部联系。

联系电话：010－58302915

前言
PREFACE

你是否有过这样的经验：毫无目的地看电视或刷手机，觉得没啥意思，但还是继续看。直到半夜，非常累了才倒在床上入睡。要是回想起来，你会感觉非常空虚。但第二天，你又重复着同样的生活。

时间的死亡，事实上就是在这个时候。时间的宝贵在于它既不能创造，也不能复还。时间是最伟大的艺术家，它公平、无私，无论你贫穷还是富有，一天给你的永远只有24小时。

时间管理大师的一天24小时所完成的工作，无论在质或量上都是超乎常人的。莫扎特只活了35岁，但在他短短的一生中做了600首以上旷世之作遗留于世。以实际使用的时间来看，莫扎特的一天24小时，他的每一分、每一秒都是高效率。

"时间就是金钱，效率就是生命。"相信大家都熟悉并认可这句话。在这个节奏愈来愈快的社会，做好时间管理是现代人想上进的"标配"。

法国作家拉布吕耶尔说过："不好好利用时间的人，最会抱怨它的短暂。"因为他们习惯了拖延，任凭时间白白流逝，最终一无所获。

所以，我们要想收获成功，就一定要努力战胜拖延症，管理好自己的时间，用有限的时间开创更大的事业。

目录
CONTENTS

第一章 别让拖延毁掉你的人生

- 拖延是人生的大忌 // 002
- 拖延是成功的最大杀手 // 004
- 拖延让人丧失先机 // 006
- 拖延让人忙乱不堪 // 008
- 拖延不会让事情好转 // 010
- 拖延使人无法做出决定 // 011
- 拖延让人一事无成 // 012
- 拖延是对生命的浪费 // 014

第二章 养成主动工作的习惯

- 现在就去做最重要的事情 // 020
- 抛弃做事拖延的习惯 // 022
- 用专一的态度尽心做事 // 024

- 什么事情先做起来再说 // 026
- 敢为，才能有所作为 // 029
- 有好创意就要立即付诸行动 // 032
- 培养自律的能力 // 034
- 克服想与做之间的距离 // 037
- 被动不如主动 // 040
- 不为自己找借口 // 045
- 要有一种不放弃的精神 // 048

第三章　目标清晰才能掌控时间

- 树立目标才能告别拖延 // 052
- 必须找到正确的人生定位 // 054
- 有什么样的目标就有什么样的人生 // 056
- 制订人生规划要趁早 // 060
- 找准目标等于成功一半 // 063
- 学会逐一实现你的目标 // 066
- 大目标是由小目标组成的 // 068
- 合理调整你的目标 // 071
- 定下行动的期限 // 074

第四章　确立目标，马上行动

- 只有行动者才能抓住机遇 // 078

目 录

- 用行动来消除烦恼，克服恐惧 // 081
- 行动，行动，再行动 // 083
- 认定了就要去做 // 085
- 早行动才能早成功 // 088
- 不再拖延，做了再说 // 091
- 不要聪明反被聪明误 // 094
- 路都是自己走出来的 // 098
- 保持行动，你总会赢 // 100

第五章　工作"不摸鱼"，时间不浪费

- 敬业是做事的基础 // 104
- 破除职场迷茫 // 106
- 做喜欢的工作更容易成功 // 109
- 对工作要充满热情 // 111
- 热爱让人不知疲倦 // 115
- 把工作当成事业 // 119
- 养成良好的工作习惯 // 124
- 让工作带来乐趣 // 126
- 不钻空子，对岗位负责 // 130
- 给自己定一个截止日期 // 133

第六章　加快速度，全力以赴

- 加快速度才能抢占先机 // 138
- 做决策时要快、准、狠 // 140
- 快速行动才能成功 // 142
- 夜长梦多，犹豫会败北 // 145
- 别为懈怠找借口 // 146
- 杂乱无章，做事低效 // 148
- 想到就做，绝不拖延 // 150
- 先人一步乃制胜关键 // 152

第七章　专注助你不再拖延

- 专注目标让你避免拖延 // 156
- 做自己感兴趣的事才能更专注 // 158
- 专注于工作，绝不忽悠自己 // 160
- 分散精力难以轻松做事 // 165
- 不要给自己留退路 // 167
- 别让完美主义成为拖延症的温床 // 170
- 休息好有助提高专注力 // 173
- 持之以恒地完成每件事 // 177
- 责任感让你更专注 // 179
- 适当保持紧张感 // 183
- 对初心始终全力以赴 // 185

第八章　做好时间管理，彻底战胜拖延

> 重视时间的价值 // 188

> 守时者才能成大事 // 190

> 科学管理时间是成功的关键 // 193

> 最重要的事情最先做 // 196

> 珍惜时间，不做无意义的事 // 198

> 精确计算你的时间 // 200

> 学会管理闲暇时间 // 204

> 学会运用碎片时间 // 207

> 让一天有25个小时 // 211

> 今日事，今日毕 // 213

CHAPTER 01

第一章

别让拖延毁掉你的人生

在这个瞬息万变和效率制胜的时代,拖延是一种严重妨碍人成功的坏习惯。著名心理学家戛利克说:"有93%的人由于拖延的恶习而一事无成,这是因为拖延能挫伤人的积极性。"

拖延不但是对生命的浪费,而且还是成功的最大杀手;拖延不但让人丧失先机,而且还让人无法获得发展;拖延不但让人坏事,而且还让人无法拥有成就;拖延不但让人失败,而且还让人屡遭失败。因此,为了有所成就,建立自己的事业,我们必须克服拖延的恶习。

▶ 拖延是人生的大忌

对于有志者而言，拖延是人生的大忌。"机不可失，时不再来"，这是任何人都明白的道理，但是总是有一些喜欢拖延的人，他们面对机会总是犹豫不决，让机会白白地错过。他们天天在考虑、在分析、在迟疑、在判断，迟迟下不了决定，总是优柔寡断。

好不容易做了决定之后，又时常更改，不知道自己要的是什么：抓，怕死；放，怕飞。终于决定实施了，可他们第一件事就是拖拉、不行动，告诉自己"明天再说""以后再说""下次再做"；即使采取了行动也是"两天打鱼，三天晒网"。这样的人，会永远一事无成，终生与失败为伍。

"明日复明日，明日何其多？我生待明日，万事成蹉跎。"在坏习惯中，拖延的习惯是最有害的。没有别的什么习惯，能够比拖延更能使人懈怠。拖延是可怕的敌人，是时间的窃贼。它会损坏人的性格，消磨人的意志，使你对自己越来越失去信心，怀疑自己的毅力，怀疑自己的目标，怀疑自己的能力，从而变得一事无成。

　　它还是人生的最大杀手，让人在生活和工作中忙乱不堪，让人失去与他人合作的机遇，更让人失去在工作和事业上成功的机会，从而让失败一直伴随着自己，让自己一无所有。

　　相反，成功只属于拒绝拖延、做了再说的人。做，是生存的根本，只有敢做，才能抓住机会，占领先机，才能把愿望付诸实践，才能让成功属于自己。一个小小的行动，往往就会带来意想不到的结果。世界上的任何一件事、任何一件创举都是由行动者产生的，成功的第一步就是去做，天底下没有不去做的成功，只有做才能成功。

　　因此，在生活和工作中必须做到拒绝拖延，做了再说。唯有行动才可以改变命运。十个空洞的幻想不如一个实际的行动。有了好的想法，就马上去做！只有立即付诸行动，我们才可能取得成功。

　　当我们决定做一件事时，就不要再踌躇、犹豫，与其蹉跎岁月还不如大胆地去尝试，以积极的态度去行动。去做虽不等于成功在握，但是如果不去尝试或根本不去做的话就意味着没有任何成功的机会。

　　"不积跬步，无以至千里"，让我们激发心中的动力，拒绝拖延，行动起来，在一步一个脚印中，打造自己的成功人生。

▶ 拖延是成功的最大杀手

拖延是对生命的一种浪费。无谓地拖延，是成功的最大杀手。

很多人都有拖延的习惯。清晨，闹钟把你从睡梦中惊醒，想着自己所订的计划，同时却感受着被窝里的温暖。一边不断地对自己说该起床了，一边又不断地给自己寻找借口再等一会儿。于是，在忐忑不安的挣扎之中，又躺了5分钟，甚至10分钟。

很多情况下，拖延是因为人的惰性在作怪，每当自己要付出劳动作出抉择时，每当自己对某项工作产生畏难情绪时，每当想逃避某项不愿意去面对的事情时，我们总会为自己找出一些借口、理由，总想让自己轻松些、舒服些。有的人能在瞬间果断地战胜惰性，积极主动地面对挑战；而有的人却深陷于"挣扎"的泥潭，被自己的主动性和惰性拉来拉去，不知所措，无法定夺。时间就这样被一分一秒地浪费了。

其实拖延就是纵容惰性，也就是给惰性机会。如果形成了习惯，它就会消磨人的意志，甚至会使自己的性格变得犹豫不决，养成一种办事拖拉的工作作风。

千万不要给让自己别人拖延的印象，那样你会失去很多机会。没有一个人愿意与一个拖拖拉拉、犹豫不决、言行不一的人合作。如果让你的对手知道你有拖延的毛病，那么他会抓住一切有利时机，毫不客气地击垮你。

当然，有时拖延是因为考虑过多、犹豫不决造成的。

比如，有一个方案即使在会议上已经通过，经理还在考虑，万一员工有意见怎么办，万一上级领导有看法怎么办，非要再拖一时半天才去实施。诸如此类的事情，每一天都在我们的身边发生。

适当的谨慎是必要的，但谨慎过头就会优柔寡断，更何况很多像早上起床这样的事是没必要做任何考虑的。

所以，我们要想尽一切办法不去拖延。最好的办法是逼迫法，也就是在知道自己要做一件事的同时，立即动手，绝不给自己留一秒钟的思考余地，千万不能让自己拉开和惰性开战的架势。对付惰性最好的办法，就是根本不让惰性出现。

在事情的开始，总是积极的想法先出现，然后当头脑中一出现"我是不是可以……"这样的问题，惰性就出现了，"战争"也就开始了。一旦开战，结果就难说了。所以要在积极的想法刚一出现时，就马上行动，那么惰性就没有了乘虚而入的可能。

总之，拖延是成功的无形杀手，是人生成功之路中最严重的坏习惯之一，在成功的道路上，我们应该克服拖延。不然，我们就会面临下面案例中李先生的结果。

作为市场部的经理，李先生感觉到压力很大，因为老板要求他必须在下周一的公司例会上提交一份非常重要的市场分析报告。

李先生很清楚这份报告对公司和他自己的重要性，因为这份报告将关系到他个人年底的绩效考核。可是，他觉得完成这份报告是项烦重的工作。他必须要加班来大量搜集资料。总之，这是一项足以让他忙得焦头烂额的任务。

他的老毛病——拖延症又犯了，不过像以前的每次拖延一样，他依然找了一个让自己心安理得的借口——我需要好好考虑，好好规划一下。

直到周日，也就是最后一天，他连续工作了10多个小时，才将报告完成。

可是，就连他自己对报告的质量都不满意，结果可想而知。到了周一，当他把报告提交给老板时，他已经能从老板那不满的表情中知道了自己今年的绩效考核分数。

就这样，他再一次承受了自己拖延的苦果。

因此，为了事业的成功，我们必须克服拖延的坏习惯。

▶ 拖延让人丧失先机

一个人一旦有拖延的习惯，最后都会两手空空，成不了大事。因为这种习惯会让时机立即从身边跑掉，让别人得到先机！

世界上最可怜的人就是那些犹豫不决的人。有些人一旦遇到了事情，就一定要去和他人商量，这种主意不定、意志不坚的人，既不会相信自己，也不会被他人信赖。

有些人拖延到简直无可救药的地步，他们不敢决定各种事情，不敢担负起应负的责任。而他们之所以这样，是因为他们不知道事情的结果会怎样——究竟是好是坏，是凶是吉。他们常常对自己的决断产生怀疑，不敢相信他们自己能解决重要的事情。因为犹豫不决，很多人使他们自己美好的想法陷于破灭。

所以，对想要成大事的你来说，犹豫不决、拖延是一个阴险的仇敌，在它还没有伤害你、破坏你、限制你一生的机会之前，就要即刻把这一敌人置于死地。不要再等待、再犹豫，今天就应该开始，决不要等到明天。要逼迫自己训练一种遇事果断坚定、迅速决策的能力，对任何事情切勿犹豫不决。

当然，对于比较复杂的事情，在决断之前需要从各方面来加以权衡和考虑，要充分调动自己的常识和知识，进行最后的判断。而一旦打定主意后，就决不要再更改，不再留给自己回头考虑、准备后退的余地。

只有这样做，我们才能养成坚决果断的习惯，既可以增强人的自信，同时也能获得他人的信赖。有了这种习惯后，最初，也许会时常作出错误的决策，但由此获得的自信等种种卓越品质，足以弥补错误决策所可能带来的损失。

主意不坚和拖延，对于一个人来说，实在是一个致命的打击。有这种弱点的人，从来不会是有毅力的人。这种性格上的弱点，可以破坏一个人的自信心，也可以破坏他的判断力，并大大有害于他的全部精神能力。

▶ 拖延让人忙乱不堪

无论做任何事情，只停留在嘴上是远远不行的，关键要落实在行动上。

安东尼是一个部门的主管，每天醒来之后就一头扎进工作堆里，忙得焦头烂额，寝食不安，整个人都快要崩溃了。于是，安东尼去请教一位成功的公司经理。

来到这位公司经理的办公室时，经理正在接听一个电话。听得出来，和他通话的是他的一个下属，而这位经理很快就给对方做出了明确的工作指示。刚放下电话，他又迅速签署了秘书送进来的一份文件。接着又是电话询问，又是下属请求，公司经理都马上给予了答复。

半个小时过去了，终于再也没有他人"打扰"，这位经理转过头来问安东尼有何贵干。

安东尼站起身来说："身为一个全球知名公司的部门经理，您的办公桌上空空如也，而我的办公桌上文件却堆积如山。本来我是想请教您如何做到这一点的，但现在不用了，您已经通过行动给了我一个明确的答案。您是立即就把经手的问题解决掉，而我却无论遇到什么事，都是先接下来，等一会儿再说。拖延让我忙乱不堪，我明白自己的毛病出在哪了。"

一个人、一个团队能否在自己的职业生涯中取得成功，关键就在于从现在开始不要把事务拖延到一起再去集中处理，而是立刻行动起来，做好正在经手的每一件事。

拖延只会坏事，让我们到头来一事无成。一日有一日的理想和决断，昨日有昨日的事，今日有今日的事，明日有明日的事。

对于我们每个人来说，一生当中都存在着种种憧憬、种种理想、种种计划，如果我们能够将这一切憧憬、理想与计划，迅速加以执行，那么我们的成就不知道会有多么大！

然而，人们有了一些好的计划后，往往不去迅速地执行，而是一味地拖延，以至让充满热情的事情冷淡下去，梦想逐渐消失，计划最终也会因此而破灭。

能在事业上取得很大成功的人，往往不是那些嘴上说得天花乱坠的人，也不是那些把一切都设想得极其美妙的人，而是那些遇事不拖延的人。

拖延是一种习惯，行动也是一种习惯，为什么不用好的习惯代替不好的习惯呢？认真地考虑一下，拖延的事情迟早要做，为什么要推后再做？马上完成工作以后可以休息，而没完成工作就休息，也许往后要付出更大的代价。

现在就下定决心，停止拖延。

▶ 拖延不会让事情好转

你也许经常说类似这样的话："我要等等看，情况会好转的。"这种话表明，你已经陷入了一种生活的惰性。

对于有些人来讲，这似乎已经成为他们习以为常的生活方式。他们总是"明日复明日"，因而也就总是碌碌无为。

还是让我们来听听那首《明日歌》吧，或许你读后会颇有感触："明日复明日，明日何其多！我生待明日，万事成蹉跎。"

在现实生活中，我们也不难发现许多充满惰性的人，他们甚至不管事情的轻重，一律拖延。

沙东已经50多岁了，他经常抱怨自己近30年的婚姻生活并不美满。在与咨询专家的交谈中，他表示早已对自己的婚姻生活感到不满。他说："我们的婚姻一直不理想，从一开始就是如此。"专家问他既然这样怎么不早离婚，而拖延了这么长时间。他坦率地回答说："我总是希望情况会逐步好起来。"可是，他已经希望了近30年，而他的家庭生活依然很糟糕。

沙东的婚姻生活是现代人生活中的一种典型的惰性思维。他对问题采取回避态度，并为之辩解说："如果我暂时不采取行动，问题可能会自己消失的。"

但是，沙东发现问题从不会自然消失，它们总是保持原状。如果没有外界因素的推动，事物本身（环境、情况、事件以及人）是不会有所好转的。

比尔·盖茨曾向他的员工谈起他的成功之道，他说："我发现，如果我要完成一件事情，就得马上动手去做。拖延对事情没有一点帮助！"

生活也一样，要使生活变得更加充实，必须做出积极努力，立刻行动，不拖延。

▶ 拖延使人无法做出决定

一个人最容易犯的错误就是害怕犯错。有一个错误的观点：不做决定就不会犯错误。而采用"拖延不决"的方法是毁灭你内心自我的元凶。

有一份分析报告显示：拖延不决高居31种失败原因的榜首。由此看来，拖延是每个人必须切实征服的敌人。

一份分析数百名百万富翁的报告说明，其中每一个人都有迅速下定决心的习惯，而且在改变初衷的时候会慢慢来。累积财富失败的人则毫无例外，遇事迟疑不决、犹豫再三，就算终于下了决心，也是推三阻四、拖泥带水，一点也不干脆利落，而且又习惯朝令夕改，一日数变。

该做决定的时候怎么办？要决定的事，简单的如今天穿什么衣服，到哪儿吃午饭；慎重的如要不要辞职等，你是不是一旦做了决定，就按部就班接着做下去呢？还是过分担忧会有什么后果？假如没有养成敏捷、坚毅的决断能力，那你的一生，将如一叶漂荡海中的孤舟，永远不能靠岸。你的生命之舟，将时时刻刻都在暴风猛浪的袭击中。

决心的价值取决于下定决心所需的勇气，奠定文明根基的重大决策往往背负着生死存亡的风险。

林肯决心发表著名的解放黑奴宣言，赋予美国黑人自由。在宣言发表之前，林肯完全能预见到此举将很可能使得成千上万原先支持他的朋友和政界人士转而反对他。

能迅速下定坚定决心的人知道如何取舍。各社会阶层、各行各业的领军者下起决心来，都既坚定又迅速。唯其如此，他们才会成为领导人。

一个人往往在年纪还轻的时候，就养成了迟疑不决的习惯。一路从小学、中学，甚至到大学，缺乏确切目标的恶习已渐渐积重难返。

▶ 拖延让人一事无成

我们每天都有当天要做的事。今天的事是新鲜的，与昨天的事不同，而明天也自有明天的事要处理。所以，今天之事应该就在今天做完，千万不能拖延到明天，因为拖延的恶习会妨碍自己和他人行事。

如果今天的事总是想留到明天去做，在这种拖延中所耗去的时间和精力实际上也足够将那件事做好。

一般说来，当初一下子就可以做好的事，拖延了几天、几星期之后，就会显得讨厌与困难了。在我们的一生中，好机会总是一瞬即逝，我们当时不把它抓住，以后就可能永远失去了。

加蒂担任全美国际销售执行委员会的执行委员时，曾作为该会的代表走访了亚洲和太平洋地区。

在一个星期二，加蒂给澳大利亚东南部墨尔本市的一些商业工作人员做了一次励志性的谈话。到下个星期四的晚上，加蒂接到一个电话，是一家出售金属柜的公司的经理梦达内打来的。

梦达内很激动地说："发生了一件令人吃惊的事！你会同我现在一样感到振奋的！"

"发生了什么事？"

"一件惊人的事！你在上星期二的谈话中推荐了十本励志书。我买了其中的《思考致富》，在当天晚上就读了几个小时。第二天早晨我又继续读它，并在一张纸上写道：'我的主要目标是把今年的销售额翻一番。'令人吃惊的是，我竟在48小时之内达到了这个目标。"

"你是怎样达到这个目标的？"加蒂问梦达内，"你怎样把你的销售额翻番的呢？"

梦达内答道："你在谈话中讲到你的推销员亚兰在同一个街区兜售保险订单失败而又成功的故事。我记得你说过：'有些人可能认为这是做不到的，但是亚兰做到了。'我相信你的话，我也做了准备，并记住了你给我们的自我激励警句：'立刻执行！'我就去看我的卡片记录，分析了十笔死账。我准备提前兑现这些账，这在以前可能是一件相当棘手的事。我重复了好几次'立即执行'这句话，并用积极的心态去访问这十个客户，结果做了笔大买卖。"

梦达内做到了这一点，所以你也能做到。

所以，现在我们要你学会"立即执行"！

当不着边际的"想法"出现于你的脑海时，如果你因拖延而不用于建功立业，那么这些事情是一件也不会做成的。

"不拖延"这三个字可以影响你生活的方方面面，它能帮助你去做你所不想做而又必须做的事；同时也能帮助你，去做那些你想做而一直懒于做的事。它能帮助你抓住宝贵的时机——这些时机一旦失去，就绝不会再回来。

你要记住这一点，不管你想做什么事，想成为什么样的人，想达到什么样的目标，只有立即行动才能让一切变为现实。永远不要拖延，因为那会让你一事无成。

▶ 拖延是对生命的浪费

昨天有昨天的事，今天有今天的事，明天有明天的事。如果今天放着的事情不做，一定要留到以后去做，那就是对生命的一种浪费。

如果人们有了好计划后，并不去快速执行，而是一拖再拖，就会让热情逐渐冷淡，梦想逐渐消失，计划最终失败。

有许多事情刚开始做，会让人感到快乐有趣，但如果我们拖了一些时日再做，便会感到困难。写信就是一个很好的例子，一收到信就回复是最为容易的，但如果一再拖拉，那封信就很难回复了。因此，许多公司都规定，一切商业信函必须在当天回复，而不能让这些信函搁置到第二天。

决定好的事拖着不去做，还会对人们的性格产生不好的影响。只有按照计划去执行的人，才有可能改善自己性格，使自己受到他人的尊敬。

每个人都能下决心做大事，但是，只有一部分人能够贯彻执行，也只有这部分人是最后的成功者。

每当一个生动而强烈的灵感闪耀在一个作家脑海里时，他就会产生一种冲动，要把灵感记录下来。但是，如果他在那时有些不便，没有时间执笔，一拖再拖，那么灵感就会变得模糊，最后完全消失。

最糟糕的是，拖延可能造成悲惨的结果。

曲仑登的司令雷尔叫人送信向恺撒报告，华盛顿已经率领军队渡过特拉华河。但当信使把信送给恺撒时，他正在和朋友们玩牌，于是他就把那封信放在自己的衣袋里，等玩牌结束后再去阅读。读完信后，他才知大事不妙。等他去召集军队的时候，时机已经太晚了。最后全军被俘，连他自己也命丧敌手。

就是因为拖延了数分钟，恺撒竟然失去了他的荣誉、自由和生命！

还有的人身体有病却拖着不去就诊，不仅身体受到了极大痛苦，病情还可能恶化，甚至发展为不治之症。

拖延是可怕的敌人，是时间的窃贼，它会损坏人的品格，败坏好的机会，劫夺人的自由，使人变为它的奴隶。我们每个人都应当极力避免养成拖延的习惯。

如果我们要医治拖延的习惯，最好的方法就是立即去做。多拖延一下，工作就会难做很多。"立即行动起来"，这是一个成大事的人应该记住的话。

有一位名叫西尔维亚的美国女孩，她的父亲是波士顿有名的整形外科医生，母亲在一家声誉很高的大学担任教授。

她的家庭对她有很大的帮助和支持，她完全有机会实现自己的理想。她从念大学的时候起，就一直梦想成为电视节目的主持人。

她觉得自己具有这方面的才干，因为每当她和别人相处时，即便是陌生人也都愿意亲近她并和她长谈。她知道怎样从人家嘴里"掏出心里话"，她的朋友们称她是他们的"亲密的随身精神医生"。她自己常说："只要有人给我一次上电视的机会，我相信自己定能成功。"

但是，她为实现这个理想而做了些什么呢？什么也没做！她在等待奇迹出现，希望一下子就当上电视节目的主持人。这种奇迹当然不会到来。因为在她等奇迹到来的时候，奇迹正与她擦肩而过。

通过以上这个故事，我们不难看出拖延的危害。哥伦布的故事却可以让我们明白马上行动的重要性。

哥伦布还在求学的时候，偶然读到一本毕达哥拉斯的著作，知道地球是圆的，他就牢记在脑子里。

经过很长时间的思索和研究后，他大胆地提出，如果地球真是圆的，他便可以经过极短的路程而到达印度了。

当时，许多大学教授和哲学家都耻笑他的想法。他们告诉他：地球不是圆的，而是平的，然后又警告道，他要是一直向西航行，他的船将驶到地球的边缘而掉下去……这不是等于走上自杀之途吗？

1492年8月，一切终于准备妥当，哥伦布率领三艘帆船，开始了划时代的航行。

航行才几天，就有两艘船破了，接着又在几百平方公里的海藻中陷入了进退两难的险境。他亲自拨开海藻，船队才得以继续航行。

哥伦布的船队在浩瀚无垠的大西洋中航行了六七十天，还不见大陆的踪影，水手们都失望了，他们要求返航。哥伦布兼用鼓励和武力，总算说服了船员。

在继续前进中，哥伦布忽然看见有一群海鸟向西南方向飞去，他立即命令船队改变航向，紧跟着这群海鸟。他知道，海鸟总是飞向有食物和适合它们生活的地方，因此他预料到附近可能有陆地。

果然，哥伦布很快发现了美洲大陆。

可以想象，如果哥伦布一直拖延下去，必然会一生蹉跎，美洲大陆的发现者很可能改换他人，成功者的桂冠也不会属于哥伦布。

而哥伦布最终成为英雄，并以新大陆的发现者名垂千古——这一切都是马上行动的结果。

记住：拖延是对生命的浪费，我们必须马上行动。

CHAPTER 02

第二章

养成主动工作的习惯

一些人总是拖延的原因在于他们没有主动的习惯，遇上事情总是喜欢消极等待。他们不知道生命在于运动，成功在于行动，最怕是一动不动。如果你放弃了主动，就意味着你不仅仅拖延了一件事，而且很有可能放弃了辉煌的未来，因为一件事你可以放弃主动，那么紧接着你可能有放弃两件、三件、一百件事。

因此，我们必须拥有一种主动的习惯，敢作敢为，不做境遇的牺牲品，任何时候都不能为拖延找借口。

高效率宝典：时间管理技巧

▶ 现在就去做最重要的事情

在日常生活中，我们不难发现一些人，他们不分事情的轻重缓急，总是喜欢拖延。这是他们性格的弱点。

有些事情的确是你想做的，绝非别人要你做的。然而，尽管你想做，却总是一拖再拖。

有些人对采取行动望而却步，因为他们害怕自己干得也许不那么完美无缺。假设你的生命还有6个月的时间，你还会做自己目前所做的事情吗？如果不会的话，你最好尽快调节自己的生活，现在就去做你最紧迫、最需要做的事情。

也许我们每个人都有一种不良的性格——拖延时间，这种现象我们几乎时常遇见，以至于看见或者发生时都不以为然了。然而，拖延时间却是一种极其有害于人们日常生活与事业的恶习。

你是否经常拖延时间？

其实，你所推迟的许多事情都是你曾经期望尽早完成的，只是由于某种"原因"而一拖再拖。有时你其至每天都要对自己说："我的确应该做这件事了，不过还是等一段时间再说吧。"

有一位新闻记者将拖延时间的行为生动地比喻为"追赶昨天的艺术"，这里，我们可以在后面再加半句——"逃避今天的法宝"。

你不去做现在可以做的事情，却下决心要在将来某个时候去做。这样，你便可以逃避马上采取行动，同时安慰自己说，你并没有真正放弃决心要做的事情。

这种巧妙的思维过程大致如下："我知道自己必须做这件事，可我自己真的做不好或者不愿做。所以准备以后再做，这样我便可以心安理得。"

每当你必须完成一项艰苦工作时，你都可以求助于这种站不住脚，却看似实用的逻辑。

如果你一方面坚持自己的生活方式，另一方面又说你将做出改变，那么你的这种声明没有任何意义。你不过是懒惰的人，最后将一事无成。

为了让每一件事情都避免失败，你必须改变拖延的习惯，马上就去做最需要做的事情。行动起来吧！

▶ 抛弃做事拖延的习惯

每个人都想成功,可是有些人总是错过成功的机会,原因在于他们被拖延耽误了。

拖延是一个专偷行动的"贼",它在偷窃你的行动时,常常给你构筑一个"舒适区",让你早上躺在床上不想起来,起床后什么也不想干;能拖到明天的事今天就不做,能推给别人的事自己就不干;不懂的事不想懂,不会做的事不想学。它让你的思想行动停留在这个"舒适区"里,对任何舒适区以外的思想行动,都觉得不舒服,不习惯。

这个"贼"能偷走人的行动,同时也能偷走人的希望,人的健康,人的成功,它带给人的不良习惯和后果积重难返。

有的学生遇上难题没有及时问老师,后来不会的问题越来越多,成绩也就越来越差;有的商人因没能及时做出关键性的决定而惨遭失败;有的病人延误了看病的时间,给生命带来无法挽救的悲剧。

成功需要大量的行动!而我们却往往因为拖延,无法采取行动。

著名小说家司各特之所以能取得那么多的成就,就在于他是个十分守时的人。他早上很早就起床,到早餐时,他已经完成了一天当中最重要的工作。

一位渴望能在事业上获得成功的年轻人写信向司各特请教,他这样答复:"一定要警惕那种使你不能按时完成工作的习惯——我指的是,拖延磨蹭的习惯,要做的工作即刻去做,等工作完成后再去休息,千万不要在完成工作之前先去玩乐。"

在完成任务后,给自己一个奖励,奖励要实际并按事先定好的办。要留意会引诱自己不按计划行事的想法,例如,"我明天再做""我应该休息一下了"或"我做不了"。要学会把自己的思想倾向扭转过来:"假如我再不做就没有时间了,下面还有很多事情等着我去做呢","如果做完这个,我就会感觉更轻松一些了"或"我一旦开始做就不会那么糟糕了"。

倘若开始动手对你是一个挑战,那么有个小工具可以帮助你,设计一个"十分钟计划":做十分钟你惧怕的工作,接着决定是否继续。

倘若你在工作当中出现了一些障碍,那就把工作地点或姿势改变一下,休息一会儿,或者更换工作内容。

利用能为你的工作提供咨询帮助的朋友、亲人。在工作进程中向他们求教,告诉他们你需要他们的支持,需要倾诉你对工作的感想,需要来自他们的鼓励。

如果你迈出了第一步,那你就成功了一半。

尽管你具备了知识、技巧、能力、良好的态度与成功的方法,比其他人懂得多,你却还是可能不会成功。因为你还要付出行动,一百个理论知识抵不上一个行动。

如果你终于行动了,可能还是不会成功,因为太慢了。你只有很快地做出行动,马上去做,比你的竞争对手更早一步知道、做到,你才能有成功的可能性。

由此，我们应该明白：一定要掌握时间，马上行动！能够帮助你打败竞争对手的关键，能够帮助你达到目标的关键，能够帮助你占领市场的关键，能够帮助你成功的关键，就仅有两个词，一是行动，二是速度。

要想成功，就必须抛弃拖延的恶习；要想成功，就必须马上行动！

▶ 用专一的态度尽心做事

水滴石穿，绳锯木断。骐骥一跃，不能千里；驽马十驾，功在不舍。世上无难事，只怕有心人。这些说的都是一个道理：用心一处，不要蜻蜓点水。

弟子们跟随孔子来到了楚国一个山清水秀的地方。由于天气炎热，孔子及其弟子们便在林中歇息避暑。

正在这时，忽然看见一位身手轻捷的驼背老人正在用竹竿捉蝉，伸手一接便是一只，就好像是在变戏法一样，大家看得目瞪口呆。孔子趁老人休息的时候，走上前去，向老人请教捉蝉的方法："一会儿就捉了这么多，你有什么秘诀吗？"

老人说："在五六月间里，我学着用竹竿头接运泥丸。开始接运两粒泥丸，使之不失坠，经过这样的练习，我捉蝉时失手的次数就不多；然后再依次增加泥丸的数目，到接运五颗泥丸而使之不失坠的时候，就会达到我现在的境界。天地虽大，物品虽多，我心中仅仅知道蝉的翼。任何事物都不能干扰我捕蝉的心思。照这样去做，怎么能捕不到蝉呢？"

孔子回头对学生说："看来做任何事用心专一，不瞻前顾后，就可以达到神妙的境界啊。"

还有一则故事，也说明了这一点。

楚国一位著名的钓鱼能手名叫詹何，据说他能够用一根蚕丝当钓线，用芒草针当钓钩，用小荆条或小竹条当钓竿，用半颗谷粒当诱饵，不管是在水流湍急的河中，还是在八百尺深的潭里，钓出的鱼多得要用车才能运走。而且他的渔竿却不会有太多的损坏。

楚王也听说了詹何的钓术，很想知道其中的奥妙，于是把他召来，问他为什么有这么好的本领。

詹何笑道："先父曾经对我说过这么一件事。有一个叫蒲且子的人射鸟，用很弱小的弓，在箭上系上极细小的丝，趁着风势射出去，能够把在青云之上飞行的大雕射下来。他之所以能够这样，是因为他用心专一，动作灵敏。我从他射鸟中得到启发，就专心致志地琢磨钓鱼的诀窍，经过了五年之久才练就这一套手艺。

"现在，当我在河边钓鱼的时候，我就能做到心里不去想任何别的事，把钓线抛入水中，钓钩沉到水里之后，任何事情也不能打乱我。我一动不动，两眼静静地注视着水面。鱼就会以为我的钓饵是水里的尘埃或者水中聚集的泡沫，不知不觉地吞了下去，我顺势轻轻一拉，大鱼就被我钓了上来。这就是我为什么能成为钓鱼能手的道理。"

楚王说："原来如此啊。要是我治理楚国能够引用这一道理，那普天之下的管理也就轻而易举了！"

做事情只要坚持做到两点，就能顺遂人意：一是要专心，不能三心二意；二是勤学苦练，熟能生巧。而现在很多人却做不到这两点，对事物一知半解，还自以为是，"满罐子不响，半罐子叮当"就是对这些人的生动写照。

❯ 什么事情先做起来再说

有了想法，就赶快行动，等一切条件都具备时再动手，就已经晚了。什么事情先做起来再说。

乔治·斯太菲克是美国伊利诺伊州的一个退役军人，在军人管理医院疗养的时候，他在经济上已经破产了。他在逐渐康复期间，没有太多的事情可做，有一段时间特别茫然。通过看报纸，斯太菲克得知，许多洗衣店都把刚熨好的衬衣折叠在一块硬纸板上，使衬衣保持平整，避免折皱。他给洗衣店写了一封信，获悉这种衬衣纸板每千张要花费4美元。

突然间，他想到了一个主意：以每千张1美元的价格出售这些纸板，并在每张纸板上登上一则广告。登广告的人当然要付广告费，这样他就可从中得到一笔收入。斯太菲克有了这个想法以后，就着手去做了。

由于他在广告领域是个新手，所以他遇到了一些问题，但他努力了解情况，逐步克服存在的困难和问题，并最终取得了成功。后来，他

第二章 养成主动工作的习惯

决定以提高服务效率来增加他的业务。他发现衬衣纸板一旦从衬衣上撤除之后，就不会被使用者所保留。于是，他给自己提出这样一个问题："怎样才能使更多家庭保留这种登有广告的衬衣纸板呢？"

他解决的方法是在衬衣纸板的一面，继续印一则黑白或彩色广告，在另一面，他增加了一些新的东西——一个有趣的儿童游戏、一个供主妇用的家用菜谱，或者一个引人入胜的字谜。

效果很快因此产生了。有一次，一位男子抱怨，他的妻子把刚洗好的衬衣又送到洗衣店去了，而这些衬衣他本来还可以再穿穿。他的妻子这样做仅仅是为了多得一些斯太菲克的菜谱。

斯太菲克并没有就此停滞不前，他雄心勃勃，更进一步扩大业务。斯太菲克把他从各洗衣店所获得的出售衬衣纸板的全部收入捐给了美国洗染学会。该学会则以建议每个成员应当使自己以及他的同业工会只购用乔治·斯太菲克的衬衣纸板作为回报。

瞬间的灵感给乔治·斯太菲克带来了可观的财富。他发现：拿出一段时间专用于思考，对于成功地吸引财富是十分必要的。如果养成了勤于思考的习惯，你就会惊奇地发现：无论任何时候、任何地方，比如洗涤碗碟时、骑自行车时或洗澡时，你都可以获得一些奇妙的灵感。

你一定要使用人类曾经发明的最伟大而又最简单的劳动工具——被爱迪生那样的天才所应用的工具——一支铅笔和一张纸。这样，你就可以像他那样随时记录来到你心中的灵感。

随时记录突如其来的灵感，要形成一种习惯。有了想法，记下来，然后付诸实施，这才是成功者的做法。

不少人认识到树立目标的重要性，但却不知道灵感对于成功的作用。所以了解这一点，对于你的人生和事业非常重要。

尼西奇公司是日本著名的生产塑料制品的企业。长期以来，大量生产雨衣、旅游帽、卫生带、尿垫等产品。但一段时间，由于订货不足，产品销售停滞，导致公司的经济效益很差，企业陷入困境。公司的董事长多川博千方百计地想寻找搞活企业的方法。

一个偶然的机会，他看到了一份全国人口的普查报告，报告中说日本每年出生250万婴儿。于是他想：如果每个婴儿用两个尿垫，一年就需要500万个，这是一个非常好的销售渠道，市场前景非常广阔。如果把市场推到国际上，效益就更加可观了。

经过权衡利弊，多川博决定放弃其他产品的生产与销售，专门生产尿垫。刚开始，他的这一举措引起了不少人的非议。但他始终坚持自己的决定，就这样，生产尿垫的工程开始全面展开。尼西奇公司由于大力发展尿垫和尿布新产品，在日本全国建立了很多营业所，并与数以千计的批发零售商建立了供销关系，很快便垄断了日本的尿垫市场。

接着，他又把目光投向了国际市场，尿垫产品远销欧洲、美洲、大洋洲的一些国家和地区，年销售额达70亿日元。尼西奇公司成为世界上最大的尿垫公司。

成功的人大都是能够很好利用灵感的人。其实，纵观许多成功人士的经历，我们可以得到这样一条结论：许多成功的机会往往来自瞬间的突发奇想。珍惜你的灵感，或许它就是你走向成功的起点。

第二章 养成主动工作的习惯

❯ 敢为，才能有所作为

生活总是在不断变化的，也总是向前、向进步的方向发展的。作为社会中的人，不可能整天面对一成不变的事情。做企业的，面对市场的变化；做学问的，面对知识的更新；做管理的，面对人事的变动。

面对这些变化，如果我们没有敢为的心态是不行的。没有敢为的心态，我们就会害怕变化，害怕未知，也许就会使我们的生活、我们的事业越来越糟糕。

有了敢为的心态，才会使我们成为一个挑战者，愿意尝试新行为，愿意接触陌生人，做陌生事，探索未知领域。我们有了这样的心态，就不会太安于现状，也不会留恋过去，不会让知足与惰性主导我们的行为。

很多不敢为的人就有满足现状、留恋过去的心态，总喜欢对目前所取得的一点小小的成就沾沾自喜，对过去一些微不足道的所谓的成功津津乐道。日复一日，年复一年，在常规中度过一生，无所作为。

从前，有个国王老了，便想从几个出众的儿子中挑选一个继承王位。他暗中嘱咐一位大臣亲自带兵到城外通往关隘的一条官道上设了特殊的路障。然后挨个把几个最有希望继承王位的儿子叫到跟前，交代他们火速出城到关隘送一封急信。

几天后，几个王子都高高兴兴地回来了。国王便问他们走的是哪条道，怎么走的。有的王子说自己见官道被巨大的岩石堵塞了，便绕小道跑到关隘送了信；有的说自己如何奋勇地从巨大的岩石上爬了过去；只有最后出发的小王子说自己轻轻松松地就从官道上走了过去。老国王问小王子："难道没有岩石挡住你的去路？"

小王子说："有啊！但我用力一推，它就翻滚到旁边的深崖去了。"

"那么大的岩石，你怎么会想到用手去推它呢？"

"我只不过想试一试罢了。"

后来，这个小王子继承了王位。

人生中，有许多障碍似乎很吓人，仿佛此路不通，但是，只要你有勇气试着去搬掉它，也许它就乖乖地滚到一边去了。可惜，还是有无数的人，在这种时候依然没有敢为，结果就绕着道躲着机会走上了平庸之路。

看看我们身边的人，不敢为的人占大多数。他们之中不缺乏才华横溢者，也不缺乏对社会抱有真知灼见者，可事实上，他们却都一事无成。为什么会这样？他们原来就是这样的人吗？不是的。

有个朋友，原先在一个挂靠单位上班，后来被精简裁员了。他对这个倒没有什么想不开的，知道这个半死不活的单位再待下去也没有多大出息，于是他决定自己创业。

起初，他计划开一个饭店。他觉得自己家乡的风味小吃一定能在这个城市里叫响。他征求了一位朋友的意见，朋友吃惊地劝阻他："你也不到街上看看，关门的饭店有多少，可不要赔了血本啊！"他回来想了一个晚上，觉得朋友说得对，于是就放弃了开饭店的念头。

第二章 养成主动工作的习惯

第二天，他来到街上，走进服装批发市场，看到那里挺红火的，便找到一个熟人，想问问行情和买卖咋样。听了熟人的介绍，这里果然有赚头，他心中一动，回家赶忙跟老婆商量。老婆也拿不准主意，就打了个电话，把老丈人请到家里商量这件事。

他们两口子觉得老丈人在国营商场干了一辈子，应该能拿准这件事。谁知老丈人听了女婿的打算却连连摇头："还是不要冒险的好，虽然目前有赚头，但是你刚开始经商，一个不小心，可就会栽得起不来了。"

就这样，半年过去了，这个朋友有了许多许多的念头，可最后都没有实行，整天还是没事干，心里自然丧气，似乎天底下他就是最无用的人了。

最后，他灰溜溜地去拜访一个老同学，希望在他的集团公司下混碗饭吃。那位董事长看着自己的老同学落魄到这个地步，连忙答应。不过，老同学同时还给了他一个关系到他命运的忠告："老同学，你缺少的不是聪明才智，而是一种信念，一种敢为的心态。我敢说，如果你敢于一试，将来的成就绝对不在我之下。"

后来，他在这位老同学的帮助下，开办了一个自己的小公司，专门经销一种建筑上用的防露剂。他尽心竭力地经营，居然在短短的三年时间里，不仅还清了所有的债务，而且还让自己的公司走上了产、供、销一条龙的规模，企业效益连年上升，他和他的企业已然小有名气。

一个人怀抱的信念，绝对可以影响他的人生。我们来到这个世上，最害怕的就是面对困难而不敢为，缺少一种面临机遇时敢为的勇气。如果不敢为，那就丧失了人生许多美丽的风光和机遇。

回想一下，我们为什么如此平庸，如此平凡？我们真正地想干过一件事情吗？即使想过，干下去了吗？从骨子里，我们就没有觉醒过，告诫自己要去做事，要敢做事。

我们仿佛听命于一只无形的大手，一生中只在几条胡同里钻来钻去。没有敢为的心态，自然没有敢为的习惯。遇到有困难有风险的事情不敢面对，所以现在连我们自己都不清楚自己到底能做什么。不知道自己能做什么，自然不敢做什么，这样就形成了我们懦弱的性格。

人生中大有作为的人恰恰与我们相反，他们敢于放弃，敢于挑战，敢于冒险，成功自然就属于他们这样的人。

▶ 有好创意就要立即付诸行动

有人说过，世界上有四种马，第一种马是看到主人的鞭子就立刻飞奔出去的骏马；第二种马是看到了别的马被鞭打，就立刻快步奔跑的良马；第三种是要等到自己受了鞭打才开始跑的凡马；第四种是非要受到严厉的鞭打才开始走的驽马。

同样，世界上也有四种人：第一种人远远地看到别人陷入老、病、死的痛苦中就立刻心生警惕；第二种人要等到老、病、死离自己不远时才会心生警惕；第三种人等到自己的近亲陷入老、病、死的痛苦才知道警惕；第四种人是非要自己亲身感到了老、病、死的痛苦才知道悔不当初。

也可以说，遇到问题时，世界上有这样四种人：第一种是有问题今天立即解决的人；第二种是有问题等待明天解决的人；第三种是一味发愁，今天、明天都难以解决问题的人；第四种是问题已造成恶果再也难以解决的人。

在瞬息万变的社会里，把握时机，当机立断，比一天开几次会议来得实际。虽然综合众人的意见，会给你带来相当的安全感，但众人参与的计划，并不一定是成功的计划。与其在空谈上浪费时间，不如看准机会，发挥决断能力，快人一步。

任何交易，如果过于谨慎，反而会错失良机。虽然谨慎是做生意的重要条件，但绝不是成功的必要因素。进行计划时，达到及格的标准就可着手进行。如果事事追求完善，反而造成畏缩，以致计划迟迟未能实施。

然而，许多创富者往往耽于空想，总是"夜里想了千条路，白天还照老路行"。成功者总是喜欢说："你现在已经有了一个好的创意了吗？如果有，现在就去做！"

有这样一个故事：有个很有才气的教授告诉朋友，他想写一本传记，专门研究"几十年以前一个让人议论纷纷的人物的轶事"。这个主题既有趣又少见，真的很吸引人。这位教授知道得很多，他的文笔又很好，这个计划注定他会赢得很大的成就、名誉与财富。

一年过后，教授的朋友碰到教授时，无意中提到他那本书是不是快要大功告成了？老天爷，他根本就没写！教授犹豫了一下，好像正在考虑怎么解释才好。最后终于说他太忙了，还有许多更重要的任务要完成，因此自然没有时间写了。

他这么辩解，其实就是要把这个计划埋进坟墓里。他有个好创意，但他没有付诸行动，结果只能是因浪费一个好创意而失败。

具体可行的创意的确很重要，高明的创意就是成功的先导。但是，光有创意还不够，还必须立即行动，去实施这一创意。高明的创意也只有在实施后才有价值。

每天都有几千人把自己辛苦得来的新构想取消或埋葬掉，因为他们不敢执行。过了一段时间以后，这些构想又会回来折磨他们。

拿破仑·希尔认为，天下最悲哀的一句话就是："我当时真应该那么做却没有那么做。"每天都可以听到有人说："如果我前几年就开始做那笔生意，早就发财啦！"或"我早就料到了，我好后悔当时没有做！"一个好创意如果胎死腹中，真的会叫人叹息不已，永远不能忘怀。如果真的果断施行，当然会带来无限的满足。

▶ 培养自律的能力

成功者总在不停地行动，失败者总在不断地许愿。一个人如果认真考虑过他所负担的责任，那么就可以令人信服地说，他会立即采取行动。

"我正在考虑研究""我正在准备""我正在等候时机"……在这

些借口托词的掩盖下，我们放任岁月流逝。有的人养成了拖沓的习惯，常常用一些漂亮的言辞来掩盖，说什么"我正在分析"，可是好几个月过去了，他们还在分析，他们没有意识到，自己正在受到某种被称之为"分析麻痹"的病毒的侵蚀，这样只会使他们越陷越深，永远也不能实现自己的梦想。

还有另外一种人形成拖沓的习惯是以"我正在准备"做掩护，一个月过去了，他们仍然在准备，好几个月过去了，还没有准备充分。他们没有意识到这个严重的问题，他们正在受到某种被称为"借口"的病毒的侵蚀，他们在不断为自己制造借口。

有一首小诗是这样写的：

"他在月亮下睡觉，

他在太阳下取暖，

他总是说要去做什么，

但什么也没做就死了。"

这就像当我们自己还是一个小孩子的时候，我们对自己说，当我成为一个大孩子的时候，我会做这做那，我会很快乐；

而当我们成为一个大孩子之后，我们又说，等我读完大学之后，我会做这做那，我会很快乐；

当我们读完大学之后，我们又说，等我找到第一份工作的时候，我会做这做那，我会很快乐；

当我们找到第一份工作之后，我们又会说，当我结婚的时候，我会做这做那，我会得到快乐；

当我们结婚的时候，我们又会说，当我的孩子们从学校毕业的时候，我会做这做那，并得到快乐；

当孩子们从学校里毕业的时候，我们又说，当我退休的时候，我会做这做那，并得到快乐。

当我们退休的时候，真正步入了晚年，我们看到了什么？我们看到生活已经从我们的眼前走过去了。

什么时间了？我们在哪里？对这个问题的回答是：时间是现在，我们在这里。让我们充分利用此时此刻。这句话的意思并不是说我们不需要计划未来，相反，这正意味着我们需要计划未来。如果我们最大限度地利用此时此刻，善用现在，那么我们就是在自动地播种未来的种子。难道不是吗？

生活中最可悲的话语莫过于"它本来可以这样的"，生命不是开玩笑。我们之所以会把问题搁置在一旁，最主要的原因就在于我们还没有学会对自己的人生负责任，这也是我们后来后悔的时候痛苦不堪的原因。

个人的行动是我们唯一可以有能力支配的东西，这些行动的综合不仅成了我们的习惯而且也成了我们的性格。研究、准备是必要的，但总也走不出这种状态和过程则是不对的，许多机会稍纵即逝，时势也总在发生变化，而不会静态地不动。假如等待着你准备得十全十美，完全到位，那时也许时势早已不在了。

我们常常会去羡慕那些一大早就起床晨跑的人，为什么他们可以让自己如此的自律？其实，自律并不是与生俱来的本能，自律是一种意志力训练下的产物,当意志力能够战胜本能的欲望时,自然就可以起个大早去慢跑,而不是继续躺在床上赖床了。

将自律视为一种游戏。例如游戏规则可以定为:若每天早上闹钟响了五分钟后,你还是没起床的话,就必须马上去冲个冷水澡来惩罚自己,当然,如果能够持续两、三个星期准时早起而不中断的话,那么,让所有的见证人请吃大餐作为奖励吧!同样地,我们也可以用同样的方式,应用在生活的其他方面,以增强自己的自律能力。

不要以失败作为借口,请立即重新开始行动。要知道,自律不是一蹴而就的,自律是需要经过一段时间的考验方可成功的,同时,自律也是通向成功的必经之路,唯有经过不断地坚持,再加上一点耐心,我们才可能逐渐养成自律的好习惯,进而大步地向自己人生的目标前进。

既然选定了目标,那就毫不犹豫地走下去吧!这样你才不会后悔!研究、准备工作也要给自己定出一个期限,否则,你就只能永远研究、准备下去,永远动不了手。

▶ 克服想与做之间的距离

想和做是有距离的,别人做和自己做也是有差别的。自己主动去做和被迫去做也是有差别的。

有两个年轻人甲和乙,他们来到了一片空地上。甲在地上画了一个圆圈，嘴里说着："我要在这里种树"。乙嘴里并没有说他要种树，而是拿来一把铁锹开始在地上刨坑。"我要在这里种树""我要在这里种树"……甲继续在地上画圆圈。此时的乙正在把树苗放在树坑里。

"我要在这里种树""我要在这里种树"……甲还在地上无休止地画着圆圈。这时，乙已经提来水浇灌着已经发芽的小树。

"我要在这里种树""我要在这里种树"……在地上画满了大大小小圆圈的甲终于累得晕倒在地上，猛一抬头却发现乙的大树已经枝繁叶茂，而此刻的乙正在树下悠闲地乘凉。甲回头看着自己画下的满地的圆圈，不禁低下了头。

纵观今天社会上很多的成功人士，他们都是在经过努力行动之后而有所成就的，就像乙。但也不乏像甲式的满腹空想的人，然而最终的结果也只能是失败。

人们总是想得很快，做得很慢；总是想得很多，做得很少；总是想得很好，做得很差。理想总是和现实有差距，行动总是远远滞后于思想。

再看我们身边的一些人，有的人成了教授学者，有的人成了商业精英，然而也有的人则无所事事。他们之间有的是同学或者校友，在步入社会的初期，大家在同一个起跑线上，然而今天，他们却有了如此大的差别。究其原因，并不是因为成功者聪明，也不是无所事事者太笨，而是在于他们有没有去认真地做一件事。

凡事都有一个想和做的过程，不管你的想法有多好，不管你的理想有多高，如果不去做，如果不为理想去干些实际性的工作，那就只能停留在原地。

第二章　养成主动工作的习惯

想是一回事，而做又是一另外一回事。很多事情都只能停留在脑海中幻想，真的临到要做的时候，不是觉得力所不能及就是嫌太麻烦。于是，注定自己只能是个平凡的人。

张海迪虽然身残但志不残，她在病痛的折磨下学会了几个国家的语言，如果当初她只是停留在想上：我想学好外语，我想能够成功。也许我们现在根本不知道张海迪是谁，她又是怎样的一个人。她之所以能够成功，就是她没有停留在想，而是靠着她持之以恒的努力行动。

成功的人与失败的人的区别在于：成功的人敢想敢做；失败的人只想不做，甚至不想不做。

俗话讲："是骡子是马，拉出来遛遛。"凡事常常是"不试不知道，一试吓一跳"。为什么呢？因为想和做之间有着实在的距离，不做便无以跨越。

在生活中，我们不能因为想和做存有较大的差距而不去实现理想。事实上，任何事情都必须从心中想，动手做开始。事情一次做不好，尽可来两次、三次乃至百次、千次，所谓"失败乃成功之母"，结果总会渐渐接近理想状态。人类有许多当时是不可思议的梦想、幻想，许多年后的今天不也有不少变成现实了吗？

人类在数千年以前便开始想象像鸟一样自由地飞翔，也有很多人尝试过，为此付出生命的亦不在少数，如今这一梦想不是早就实现了吗？

▶ 被动不如主动

很久以前，两个朋友一起到一个遥远的地方去寻找幸福与快乐，一路上风餐露宿，在即将到达目标的时候，遇到了风急浪高的大海，而海的对岸就是幸福和快乐的天堂。关于如何到海的对岸，两个人产生了分歧，一个人建议采伐附近的树木做一条木船渡海过去，另一个人则认为无论哪种办法都不可能渡过这片海洋，与其自寻烦恼和死路，不如等这海干了，再轻轻松松地走过去。

于是，建议制船的人每天砍伐树木，辛苦而积极地制造船只，并努力学会了游泳；而另一个人每天躺下休息睡觉，然后到海边观察海水干了没有。直到有一天，一个人已经制好船准备扬帆出海的时候，另一个人还在讥笑他愚蠢的做法。

造船的那个人并没有生气，临走前只对他的朋友说了一句话：去做每一件事不一定都能成功，但不去做每一件事则一定没有机会成功！竟然能想到躺到海水干了再过海，这确实是一个不错的想法，可惜的是，海水不可能流，那么他的这个不错的想法注定不会实现的。

大海终究不会干枯掉，而那位造船的朋友经过一番风浪也最终到达了彼岸。这两个人后来在这海的两岸定居了下来，也都繁衍了自己的子孙后代。海的一边叫幸福和快乐的国土，生活着一群勤奋和勇敢的人，海的另一边叫失败和失落的原地,生活着一群懒惰和懦弱的人。

从这则故事中我们体会到:不积极主动的人,只能是原地踏步,不会有成功的到来。

苏格拉底有一天他对弟子说,经过几十年的修炼自己练就了移山大法,明天早上要当众表演移山,把广场对面的那座大山移过来。

第二天来了众多观看表演的人,只见苏格拉底口中念念有词,对着那座大山喊:"山,过来!山,过来!"半响,他问周围的人群:"你们看山有没有过来?"这个时候,人群开始窃窃私语,有人说好像过来了一点点,也有人说好像没有过来。看到大家众说纷纭,苏格拉底又开始念念有词,继续高喊:"山过来,山过来。"

可是过了很久,山还是没有过来。渐渐地,已经有人开始离开,苏格拉底没有理会那些离去的人,继续在那高喊:"山过来,山过来,山过来。"他嗓子都喊哑了,可是山还是没有过来。

于是,他用嘶哑的嗓子问已经为数不多的人:"山有没有过来?"这时,几乎所有人都异口同声地告诉他:"山没有过来。"听罢,苏格拉底说:"我再做最后一次努力。"只见他边高喊"山过来,山过来",边朝山的那个方向走过去,人群也不知不觉就随着苏格拉底来到了山脚下。最后,苏格拉底又问:"诸位,你们看看山有没有过来?"

此时,人群突然变得鸦雀无声。苏格拉底用他嘶哑的嗓音说:"诸位,你们都看见了,我花了几十年的修炼,用了这么长的时间和精力在这里高喊'山过来',山都没过来。怎么办?那就只好我过去了,山不过来我就过去,这就是我几十年练就的移山大法精髓。"

其实,这个故事是在告诉我们:被动地去做事,只能是一事无成。

只有主动地去做事，才是最好的行动方式，才能有成功的机会。

在我国古代战争中有一句话："敌不动，我不动，敌若动，我先动。"从这句话中我们可以看出，我国古代的人们就意识到了主动的重要性。还有一句民间谚语："恶人先告状，恶狗先下口"，也从反面说明了寻求主动出击的机会是制胜的关键。

面对一切，你所需要的只是进取，明确地说，进取就是主动去做应该做的事情。

主动是感兴趣的表现，如果一个人对一件事很感兴趣，而且非常愿意去做，那么他一定会积极地、主动地去完成，主动也反映了一个人的精神状态。不是每个人都从事着自己感兴趣的职业，很多事也并不像我们想象中的那么美满。如果一个人不喜欢自己的职业，不喜欢自己所从事的工作，那么他就有理由不主动地完成了吗？

当你怀着一颗积极的心态去做每一件事，就会发现只有主动去做事情，才会有成功的希望。从某种意义上来讲，主动去做事情，也是行动的最好方式。

职场中某些人只在被人从后面催促时，才会去做他应该做的事，这种人只会抱怨运气不佳，最终只能在辛苦的工作中度过自己的大半辈子。

还有一种人，根本不会去做他应该做的事。即使有人跑过来给他示范怎样做，并陪着他一起做，他也不会去做，所以他总是失业。在这种情况下，命运之神不可能会耐心地等着他们。而养成主动工作、积极进取这种习惯的员工，命运则是完全不同的，他们很容易在职场中找到自己的位置，并获得成功。

第二章　养成主动工作的习惯

晓娟在一家大型建筑公司任设计师，常常要跑工地、看现场，还要为不同的老板修改工程细节。虽然辛苦，但她仍主动地去做，毫无怨言。

尽管她是设计部唯一的女性，但她从不因此逃避强体力的工作。来来回回跑机场，上上下下爬楼梯也二话不说，从不感到委屈，反而挺自豪。

有一次，老板安排她为一家客户做一个可行性的设计方案，时间只有三天。这是一件原本难以做好的事情。接到任务后，晓娟看完现场，就开始工作了。三天时间里，她都在一种异常兴奋的状态下度过。她食不甘味，寝不安枕，满脑子都想着如何把这个方案做好。她到处查资料，虚心向别人请教。

三天后，她带着布满血丝的眼睛把设计方案交给了老板，得到了老板的肯定。因做事积极主动、工作认真，现在晓娟已经成为公司的能人，获得老板的赏识和同事们的称赞。

后来，老板告诉她："我知道给你的时间很紧，但我们必须尽快把设计方案做出来。如果当初你不主动去完成这个工作，我可能会把你换掉。你表现得非常出色。我最欣赏你这种工作认真、积极主动的人！"

在公司里有很多人，似乎根本不知道能被老板重用的那些是能自觉自愿完成工作的员工。事实上，如果你不积极主动，只是完成你分内的工作，那么你在老板心里永远不会留下一席之地。成功的机会往往隐藏在你自发去做的每一项工作中，千万不要忽视了这一点。

经常会有年轻人问卡耐基，是否认为他们具有与众不同的价值，是否认为他们可以取得成功。面对每一个提问者，卡耐基总是这样回答："你当然可以是成功者。我觉得你完全有成功者的潜力，虽然不知道你是否一定能成功。这完全取决于你自己。如果你有去争取成功的进取心，那么，没有什么可以阻挡你；如果你没有这样的愿望和力量，那么，再好的教育、再有利的外界因素也都不足以把你推向成功。"

上司指派了一个任务，最好的行动方式就是主动去做。如果下属产生抵触情绪，那他就不具备优秀的品质，那他就不是一个合格的员工。

对员工来说，必须具有良好的责任感和道德意识，必须具有勤奋工作、任劳任怨的敬业精神。一个具有高尚品质的员工，会毫无怨言地选择去执行任务，做好自己分内的事情，而且会主动去做，而不是等待上司指派，或者催促时才去做。

如果你放弃了主动，就意味着不仅仅放弃了一件事，而且很有可能放弃了辉煌的未来。一件事你放弃主动，那么紧接着你可能有两件、三件、一百件事……放弃主动。

生命在于运动，成功在于行动，最怕是一动不动。"虽有佳肴，弗食，不知其旨也；虽有至道，弗学，不知其善也。"有了方案，就要主动实施。实干精神是企业的灵魂。你要想拥有出人头地的方法，那么，从弱者往上爬，越过别的成功者成为更大的成功者！我们要热诚投身到企业经营活动中去，积极主动，互相配合，把我们的经营业绩做好，把事业做大。

❯ 不为自己找借口

在生活和工作中，我们经常会听到很多的借口。借口在我们的耳畔窃窃私语，告诉我们不能做某事或做不好某事的理由，它们好像是"理智的声音""合情合理的解释"，冠冕堂皇。上班迟到了，会有"手表停了""路上堵车""今天家里事太多"等诸多的借口；业务拓展不开、工作无业绩，会有"政策不好""制度不行"或"我已经尽力了"，也是有很多的借口；任务没完成有借口，事情做砸了也有借口，只要有心去找，借口随处都存在。

做不好一件事情，完不成一项任务，有成千上万条借口在那儿声援你、响应你、支持你，抱怨、推诿、迁怒、愤世嫉俗成了最好的解脱。借口就是一副掩饰弱点、推卸责任的"万能器"，就是一块敷衍别人、原谅自己的"挡箭牌"。

有多少人把宝贵的时间和精力放在了如何寻找一个合适的借口上，而忘记了自己的职责和责任。

寻找借口唯一的好处，就是把属于自己的过失掩盖掉，把应该自己承担的责任推向他人或社会。试想，这样的人在企业中永远不会成为称职的职工，更不可能成为企业当中可以期待和信任的员工；在社会上更不会是大家可信赖和尊重的人。这样的人，注定一生只能是一事无成的失败者。

在一个艳阳天，刚出生的小鸭子漫无目的地溜达，她看见一只知更鸟正悠闲地蹲在树枝上。

"我希望我也能像他一样蹲在高高的树上。"小鸭自言自语，"可惜，我没有他那样坚硬有力的爪。"

小鸭自卑了，低着头继续往前走。她看见一只小兔跃过草地。

"我希望我也能像你一样跳得那么快，那么远。"小鸭羡慕地说。

"你？你有像我一样强健灵活的腿吗？别做梦了！"小兔鄙夷道。

"没有。"小鸭自卑极了，悲哀地想，"谁都比我强，谁都看不起我。"小鸭叹了一口气，继续往前走，来到一条河边。小兔子也走到了河边，她止步了，因为河太宽，跳不过去。一只大白鹅在河里游泳。

"我希望我也能像你一样在水里游泳。可惜河水太凉，会感冒的，河水太急，会被冲走的。"小鸭忧虑地对大白鹅说。

"孩子，下来试试吧！"大白鹅鼓励道。

小鸭怀着忐忑不安的心情，扑通一声跳进水里。她发现河水很凉爽，但不冷。她还发现她那双平平的、有蹼的脚掌，正是用来划水的，河水居然没把她冲走。看着小鸭子悠然快活的样子，小兔子羡慕极了。

有些所谓的难事，被人们编织的各种借口让它们看起来格外艰难。借口摧毁了许多人的意志，使他们一生碌碌无为。

借口有两种：外来的和内部的。外来的借口往往夸大客观困难，像小鸭子夸大了自己想象中的外部威胁——河水。内部的借口往往无视自身潜力，像小鸭子忽视了自己尚待开发的内部优势——鸭掌。

借口实质是为了推卸责任，在责任和借口之间，选择责任还是选择借口，这在很大程度上体现了一个人的工作态度，最终也决定一个人的行动。有了问题，特别是难以解决的问题，可能让你懊恼万分。

这时候，有一个基本原则可用，而且会永远适用，那就是永远不放弃，永远不为自己找借口。那么成功学家格兰特纳说过这样一句话：如果你有自己系鞋带的能力，那么你就有上天摘星的机会！一个人对待生活、工作的态度是决定他能否做好事情的关键。

首先改变一下自己的心态，这是最重要的！很多人在工作中寻找各种各样的借口来为遇到的问题开脱，并且养成了习惯，这是很危险的。

每个企业都要求员工勇于承担责任，热忱面对工作，善于学习，勤奋工作，能主动创新。从表面上看，好像是在为企业，然而实质上为企业的同时也是在为员工自己。每一个想成功的人都应该记住，成功的原理就是：从主动到卓越！

主动是一种积极的工作态度，完美执行是一种积极的行为，卓越是一种积极进取后获得的结果。从不找借口，到主动工作，再到卓越，是员工最理想的一种成功过程，也是唯一的成功过程！

▶ 要有一种不放弃的精神

在剑桥大学的一次毕业典礼上，整个会堂有上万个学生，他们正在等候丘吉尔的出现。正在这时，丘吉尔在他的随从陪同下走进了会场并慢慢地走向讲台，他脱下大衣交给随从，然后又摘下帽子，默默地注视着所有的听众，过了一分钟后，丘吉尔说了一句话："Never Give Up！（永不放弃）"

丘吉尔说完后穿上大衣、带上帽子离开了会场。这时，整个会场鸦雀无声，一分钟后，掌声雷动。"永不放弃！"

一位推销大师，即将告别他的推销生涯，应邀到一个体育馆做告别职业生涯的演说。

那天，会场座无虚席，人们在热切地、焦急地等待着。当大幕徐徐拉开，舞台的正中央吊着一个巨大的铁球。为了这个铁球，台上搭起了高大的铁架。

一位老者在人们热烈的掌声中走了出来。

人们惊奇地望着他，不知道他要做出什么举动。

这时，两位工作人员抬着一个大铁锤，放在老者的面前。主持人从观众中请上两位身体强壮的年轻人。

老人向他们讲规则，请他们用这个大铁锤，去敲打那个吊着的铁

第二章 养成主动工作的习惯

球,直到把它荡起来。

一个年轻人抢着拿起铁锤,拉开架势,抡起大锤,全力向那吊着的铁球砸去,一声震耳的响声,可那吊球动也没动。他就用大铁锤接二连三地砸向吊球,很快他就气喘吁吁了。

另一个年轻人也不示弱,接过大铁锤把吊球打得叮当响,可是铁球仍旧一动不动。

台下逐渐没了呐喊声,观众好像认定那是没用的,就等着老人做出什么解释。

老人从上衣口袋里掏出一个小锤,然后认真地面对着那个巨大的铁球。他用小锤对着铁球"咚"敲了一下,然后停顿一下,再一次用小锤"咚"敲了一下。人们奇怪地看着,老人就那样"咚"地敲一下,然后停顿一下,再敲一下……就这样持续地做。

10分钟过去了,20分钟过去了,会场早已开始骚动,有的人干脆叫骂起来,人们用各种声音和动作发泄着他们的不满。老人仍然一小锤一小锤不停地敲着,他好像根本没有听见人们在喊叫什么。人们开始愤然离去,会场上出现了大块大块的空缺。留下来的人们好像也喊累了,会场渐渐地安静下来。

大概在老人进行到40分钟的时候,坐在前面的一个妇女突然大喊:"球动了!"霎时间,会场立即鸦雀无声,人们聚精会神地看着那个铁球。那球以很小的摆幅动了起来,不仔细看很难察觉。

老人仍旧一小锤一小锤地敲着,人们好像都听到了那小锤敲打吊球的声响。吊球在老人一锤一锤地敲打中越荡越高,它拉动着那个铁架子"哐、哐"作响,它的巨大威力强烈地震撼着在场的每一个人。终于场

· 049 ·

上爆发出一阵阵热烈的掌声，在掌声中，老人转过身来，慢慢地把那把小锤揣进衣兜里。

　　老人开口讲话了，他只说了一句话：在成功的道路上，你没有耐心去等待成功的到来，那么，你就只好用一生的耐心去面对失败。

　　成功者与失败者并没有多大的区别，只不过是失败者走了九十九步，而成功者走了一百步。失败者跌下去的次数比成功者多一次，成功者站起来的次数比失败者多一次。当你走了一千步时，也有可能遭到失败，但成功却往往躲在拐角后面，除非你拐了弯，否则你永远不可能遇见成功。

CHAPTER 03

第三章

目标清晰才能掌控时间

没有目标，哪来的劲头？克服拖延的不良习惯，要善于制订科学的目标。目标能够为你提供工作的中心，使你的工作中心不会发生偏离；能够使你确定事物的轻重缓急，对于不太重要的问题予以拒绝；能够使你缩小范围，确定明确的努力方向，让你明确自己追求的成功是什么；能够让你思考自己的价值，迫使你思考最重要的问题。

因此，制订明确的目标对于克服拖延具有极其重要的作用。从现在开始，把你期望实现的目标明确下来，马上采取行动，朝着正确的方向前进。

▶ 树立目标才能告别拖延

有人曾经说过："即使是最弱小的生命，一旦把全部精力集中到某一具体的目标上，也会有所成就，而最强大的生命如果把精力分散开来，最后也将一无所成。"可见，目标对于人生的重要性。

没有明确目标的人，不知道自己将要去哪里，所以很容易拖拖拉拉，磨磨蹭蹭；而只有树立一个明确的目标，才能促使你立刻行动起来，不再拖延。

有一个成长在旧金山贫民窟的小男孩，小时因为营养不良而患上了软骨病。6岁时，他的双腿因病变成弓字形，使小腿进一步萎缩。

但是他从小就有一个梦想，就是将来成为一个伟大的美式橄榄球的全能球员，这就是他的"目标"。

他是传奇人物吉姆·布朗的球迷，每逢吉姆所属的克利夫兰布朗士队和旧金山四九人队在旧金山举行比赛时，小男孩都不顾双腿的不便，一拐一拐地走到球场为吉姆加油。

他太穷了，根本买不起门票，只好等到比赛快要结束时，趁工作人员推开大门之际混进去，观赏最后几分钟。

一次，在布朗士队与四九人队比赛之后，13岁的他终于在一家冰激凌店与心中的偶像碰面，这是他多年的愿望。

他勇敢地走到吉姆面前，大声说："吉姆先生，我是你的忠实球迷！"吉姆·布朗说："谢谢你！"小男孩又说："吉姆先生，你想知道一件事吗？"

布朗转身问："小朋友，请问何事？"

小男孩骄傲地说："我记下了你的每一项纪录，每一次运动。"

吉姆·布朗快乐地微笑着说："真不错。"

小男孩挺直了胸膛，双眼放光，自信地说："吉姆先生，终有一天我会打破你的每一项纪录。"

听完此话，吉姆·布朗微笑地对他说："孩子，你叫什么名字，真是好大的口气！"

小男孩十分得意地笑着说："先生，我叫澳仑索！澳仑索·辛普生。"

澳仑索·辛普生在以后正如他少年时所讲，他打破了吉姆·布朗一切的纪录，同时又创下了一些新的纪录。

人生需要志存高远。只有树立了明确的人生目标，你的行动才会有方向，进而才会避免拖延。

相反，如果你没有一个明确的目标，那么可能就会浑浑噩噩地度过一天。到了临睡前想一想，这一天都在拖拖拉拉：日晒三竿才起床，坐在马桶上玩了一小时手机，边吃午餐边看电视，吃完已经下午两点。一天下来，你好像什么事情都没有做成。

同样，我们的一生也是这样，如果没有一个明确的目标，你就将一生拖延，一事无成，到了耄耋之年仍然迷惘于时间都去哪儿了。

只有给自己树立一个明确的目标，你才能真正告别拖延，朝着目标飞速前进，也总有一天会到达成功的终点。

▶ 必须找到正确的人生定位

生命的价值不在于它的长短，而在于是否能摆正自己的位置，实现自我价值。

那些想要成功的人一生都在追求一种价值。他们想要知道什么是珍贵，什么是微不足道。可是，有些人却没有考虑过自身的价值何在。

热门话题，流行时尚，理想职业，最新潮流……在社会的喧嚣中，在别人的影响下，有些人迷失了自我，看不清自己真正的价值，总是按照别人的看法行动，可是，你应该牢记：要做一个不拖延的人，就应该自己的人生自己把握，不能让自己"生活在别处"。

一般人总是相信，当他们投身于时下最为热门的行业，就俨然处于社会光环的中心，就会得到权力、地位和财富，实现自我价值。不过，等他们花尽毕生的力气追求之后，才恍然大悟，原来自己真正应该做的事情没有做，自己所追求的其实很多根本不适合自己，或者根本就没有意义，只是炫目的泡沫。

在一个小酒吧里，一个年轻小伙子正在用心地弹奏钢琴。他弹得很不错，每天晚上都有不少人慕名而来，认真倾听他的弹奏。

一天晚上，一位中年顾客听了几首曲子后，对那个小伙子说："我每天来听你弹奏的都是这些曲子，你不如唱首歌给我们听吧。"这位顾客的提议获得了不少人的赞同，大家纷纷要求小伙子唱着歌。

然而，那个小伙子面对大家的请求却变得腼腆起来，他抱歉地对大家说："非常对不起，我从小就开始学习弹奏乐器，却从来没有学习过唱歌。我长年累月地坐在这里弹琴，恐怕会唱得很难听。"

那位中年顾客却鼓励他说："小伙子，正因为你从来没有唱过歌，或许连你自己都不知道你是个歌唱天才呢！"

此时，酒吧的经理也出来鼓励他，免得他扫了大家的兴。

小伙子认为大家想看他出丑，于是坚持说只会弹琴，不会唱歌。酒吧老板说："你要么选择唱歌，要么另谋出路。"小伙子被逼无奈，只好红着脸唱了一曲《蒙娜丽莎》。

哪知道，他不唱则已，一唱惊人，大家都被他那流畅自然、男人味十足的唱腔迷住了。在大家的鼓励下，那个小伙子放弃了弹奏乐器的艺人生涯，开始向歌坛进军。这个小伙子后来居然成了著名的爵士歌王，他就是纳京高。

要不是那被逼无奈地开口一唱，纳京高可能永远只能坐在酒吧里做一个三流的演奏者。

"人摆错了位置就永远是庸才。"其实，很多时候是自己，荒废了自己的才能。我们应该认识到，人自身也是一种资源，应该寻找最适合自己的岗位，并对自己的兴趣保持一份坚定与执着。

印象派大师凡·高的画，许多人看过后都留下深刻的印象，他那黄色炽热的色彩和充满动感的线条，给予我们强烈的感受。

凡·高的一生有着坎坷的境遇，他从26岁才正式开始学画，他在给弟弟的信中说，我学习绘画很晚，而且我的生命很可能也只剩下十年的时间了，因此要加紧创作。果然，他在36岁就过世了，但是仅仅十年间却留给我们许多不朽的作品。在艺术上的成就，他开创了一个新的时代。

不拖延的人都会明确地给自己一个定位，他们从不怕别人的鄙夷，而是怕自己找不到自己的方向。谁说你不能取得非凡的成就？除非你自己！没有人能够给你的人生下任何定义。

你要找准自己的人生定位，才能避免浪费自己的才能，才能避免耽误自己的前途发展。从现在开始，不要继续在不适合你的位置上消耗生命，好好想想自己喜欢的是什么，适合的是什么。只有给自己一个正确的定位，才能避免拖延时间与生命。

▶ 有什么样的目标就有什么样的人生

常常有人说："我的问题就在于没有目标。"他的话表明了他不明白目标的真实含意。实际上，避开痛苦走向快乐就是我们人生的目标。

有何种目标就有何种人生，目标对于我们的人生就似播下的种子，一旦不小心，某一天就会野草蔓延，这将给我们的成功带来巨大的障碍。

如果我们盼望充分发挥潜能，那么就请大家制订一个宏伟的目标，并向着这个目标努力奋斗，抓住前进路上的每一次机会，让人生再上一个台阶。现在的你是"真实的"你吗？你完全发挥出你的潜能吗？

今天就请你立下恒心，确定一个值得你去追求的人生目标吧！

20世纪30年代，美国陷入了严重的经济危机之中，希尔顿连同他的饭店一起陷入了困境：饭店的营业额持续下降，入不敷出，债主不断催债。有一天，希尔顿偶尔看到了沃尔多夫饭店的照片：6个厨房、200名厨师、500名服务生、2000间客房，还有附属私人医院与位于地下室旁边的私人铁路。他将这张照片剪了下来，并在上面写下了"世界之最"四个字。

之后，希尔顿走到哪里就把这张照片带到哪里。一开始，他把照片放在皮夹子里。当他再度有了办公桌后，又把照片放到了办公桌上。18年后，希尔顿买下了沃尔多夫饭店。

拥有并成为"世界之最"的这个目标，是希尔顿能够走出困境，迈向成功的指路灯。

想要把模糊的梦想转化为成功的事实，前提是制定目标，这是整个人生的基石。目标会指导你的设想，而坚定的信念会决定你的人生。

计划目标存在一个重要规则，那就是它要有一定的难度，初看似乎不会成功，但这又对你有相当的吸引力，愿意一心一意去完成。

一旦我们拥有了目标，再树立并抱定一定能成功的信心，就已经成功了一半。

　　除了所有制定的目标之外还须行动，而计划制订过程与你用双眼观察世界有着相似之处。一旦你想接近要观察的目标，就要更加尽力去看。当然除了目标之外，还包括它周围的其他事物。

　　当注意力受到目标的吸引，我们就会朝着努力的方向前进。至于最终的成败，就依赖于我们是否选择一个正确的方向。

　　曾经有一个人就凭自己的坚持而改变了自己的人生，他的经历给我们一些提示：当前虽然我们不能够完成某个目标，但只要方向正确，最后就可能达到比原先目标更大的成功。此人便是麦克·莱顿。为什么他会得到许多人的尊敬？因为他热心公益事业、重视家庭生活、做人正直、不惧困难和热爱社会。

　　他的奋斗故事使许多人的人生之路得以照亮，因而成为受人景仰的英雄。

　　麦克·莱顿孩提时，他的母亲经常嚷着要自杀，一发火，就拿起衣架毒打他。就因为生长在那样的家庭，致使麦克从小显得萎缩且身体孱弱。但以后他在那部叫座的电影——《草原的小房子》中却扮演了英尔索家中的家长，坚强而信心十足的个性留给了大家深刻的印象。麦克的人生为什么会充满契机呢？

　　高中一年级的某天，体育老师带着麦克所在的班级来到操场学习投掷标枪，正是这次经历改变了麦克的一生。从前，无论他做任何事都是缩头缩脚的，对自己毫无信心，但那天居然出现了奇迹，他努力一掷，成绩超过了所有的同学。

　　此刻，麦克猛然明白自己将会大有作为。后来，他在接受《生活》

杂志采访时回忆说："就在那天我突然醒悟，原来我完全有可能比别人做得更好。随即我便向体育老师借用那支标枪，整个夏天，我在操场不停地掷。"

麦克找到了让他兴奋的未来，并且全力以赴，他取得令人吃惊的成绩。暑假结束后，返回学校时他的体格改变了许多，并且在随之而来的一年中，他特别注重增加重量训练，提高自己的身体素质。

高三时，麦克参加了一次比赛，他的成绩是全美高中生最好的标枪纪录，这也使他获得体育奖学金。用他自己的话来说，从一只"小老鼠"转变成"大狮子"，多么贴切啊！

麦克在一次苦练时不慎受伤，医生检查后告诉他必须永远退出运动生涯，这也让他失去了体育奖学金。为了谋生，他被迫到一家工厂做了卸货工人，他的梦想似乎已消灭，再也别想成为一名令人瞩目的田径明星。

也许是幸运之神的眷顾，好莱坞的星探发现了他，邀请他参加拍摄电影。这部片子是美国电视史上的第一部彩色西部片。麦克加入演艺界便一发不可收拾，先当演员，再当导演，最后成为制片人，他从此宏图大展。一个梦想的幻灭常常是另一个未来的开始。

麦克起初是想当个田径明星，这个追求令他锻炼强壮的身体，随之而来的打击又一次磨炼他，成就了他的另一番事业，使他拥有更辉煌的人生。

所以，一个人最终的人生取决于当初制订的目标。从现在开始想想，你现在制订的目标是你想要的吗？

高效率宝典：时间管理技巧

▶ 制订人生规划要趁早

国家要制定不同阶段的发展计划来促进国家的发展。同样的道理，对个人来说，不断地制订、调整有利于个人发展的人生计划也是十分必要的。因为只有制订合理的人生规划，才能让我们按部就班地顺利抵达终点，避免因为忙乱无头绪而拖延时间。

所谓的"人生规划"，就是把未来想做什么、如何做，在多少岁时做些什么事情做成计划，然后按照这些计划去努力，可以把它分为"事业规划"和"生活规划"两部分。

比如说，事业规划可以包括：想从事什么样的行业，希望自己多少岁前做到什么程度等。生活规划可以包括：几岁结婚、生子，自己要培养哪方面的兴趣、特长，是否再进修等诸多项目。方向定了，就朝着这个方向前进，并充实自己。

人生规划，能够让人找到一生的指针和目标。有时候，人也会遇到一些无法预料的事情，所以我们的规划还必须适应主客观的形势，适当灵活地做出某种调整，避免全盘推翻，因为这样既不会浪费过去的努力，也能适应现实的发展。

最重要的一点是人有了规划，就会彻底执行，并且有面对问题和挑战的勇气。不会因循守旧，使规划大打折扣。

很多不拖延的人不会认为未来是个未知数,虽然一切随缘这种说法也有道理,不过"随缘"说起来容易,但是真的要达到这种境界却很难,因此面对不可知的未来,能做到的是坦然面对。

这就像在森林中迷路一样,不知走向哪里才好,因此他们在事前就做好了人生规划。虽然有时规划会因条件的变化而有所变化,但总比茫茫然不知何去何从,心里来得踏实。

规划人生能够帮助你把握前进的航向,找准自己的定位,实现人生的目标。在规划的过程中,你还可以充分认识到自己的优势和不足,并自觉加以调整,争取达到最佳状态。

心理学家们认为:一个人的一生,总有大大小小的期望。期望是一个人的精神支柱。如果一个人没有了任何追求,那他就很难愉快地生活下去。我们可以仔细地想一下有上进心的人,有上进心的人每天是不是都有自己的追求?有上进心的人的一生充满了各种不同的追求,小到完成一篇文章、攒钱买一台电脑、拿下自学考试文凭,大到成立自己的公司等。一个目标实现了,新的目标又出来了。如此循环往复,终其一生。

对我们来说,在设立自己的目标时,一般可分短期目标、中期目标和长期目标。我们可以根据在工作的不同阶段,通过对形势发展进行的分析,确定下一步的目标。将计划进程的详细步骤列出来,可以帮助自己有效地应对工作或环境等条件变化可能带来的不利影响。同自己的同事、朋友、上司和家人共同探讨、努力,争取实现每一阶段的目标,或者改进计划,使之更加切实可行。

订立了目标之后,必须有务必实现的决心,才能将其称之为"目标"，如果目标只是停留在纸上，那就失去了它应有的意义。我们在订立了明确的目标之后，就要尽快地达成。

当然，规划未来并不能保证将来摆在面前的一切困难和问题都得到解决或变得容易，也没有可以套用的现成公式。但是，它有利于你及早发现和较好解决新难题，比如你是否需要通过培训来增加某方面的知识，是否考虑调换一下工作岗位或职业等问题。

规划未来有助于提高你解决问题和调整心理的能力。当你想成就一项事业时，它会告诉你在每一步该干些什么、怎么干，有哪些问题需要注意。

虽然规划无法预见将来社会将发展到什么程度，也不能预见我们每一个人的命运，但是，按照对未来的规划有条不紊地循序渐进是最重要的，它会让我们有条不紊，少走弯路。只有这样，你才能达到在工作中不断发展自己的目的，才能让自己的人生理想不至于变成梦幻的肥皂泡。

如何规划未来需要注意的问题很多，如果将目标定得太低，就无法充分发挥个人的潜力；将目标定得太高，就可能无法实现它。在规划未来时，我们必须衡量自己的能力，适当地高于自己能力可做到的程度，那才是好目标。

远大的目标总是与远大的理想紧密结合在一起，那些改变了历史的人，无一不是确立了远大的目标，这样的目标激励着他们时刻都在为理想而奋斗，因此他们成了名垂千古的伟人。

只有尽早给人生设置一个合理的规划，才能让我们少走弯路，早日成功。

❯ 找准目标等于成功一半

大多数人在人世浮沉中，并不了解他们的未来是自己造就的，他们在工作中喜欢干到哪儿算哪儿，他们从来没有一个长远的计划和明确的目标。而少数有卓越成就的都是了解自己追求什么，并且有完整计划的人。这些人很清楚自己想要什么，要如何获取。所以说，一个人只有先有目标，才有成大事的希望，才有前进的方向。

不管是在工作还是生活中，目标的设定都是最基本的要求。要是没有目标，我们就永远不晓得自己该往何处去。这就好比是物理实验中自由运动的粒子一样，如果不能在随机碰撞中巧遇到其他粒子，就只能一直不断地运动下去，当然起不了什么变化。生活要是没有了目标，就只能一成不变地延续着，生活没有追求，迷失在茫茫人海中。

说得更直白一点，没有目标也就像我们花了一堆时间在规划婚礼，却从没打算结婚一样，我们所做的一切到头来都是一场空。还有些人更糟糕，总是误将短期的计划当成目标规划。比方说，总在计划着假期要到什么地方去玩，但却不为生活做点实际的规划。对于这种人而言，生活只是由假期来做一个片段一个片段的切割，和做一天和尚撞一天钟没有什么区别。

所以，人生的快乐就隐藏于我们的一切日常生活之中，只要我们有了目标，内心的力量才会找到方向，毫无目标地生活，到头终究会是一场空。

在我们行动之前，请先想一想自己想要的究竟是什么，自己到底想要干什么？事实上，我们过去或现在的情况并不重要，将来要获得什么成就才最重要。除非我们对未来有理想，否则做不出什么大事来。

在笔者单位有一个22岁的员工，因为对自己的工作不满意，他跑来对我说："我对现在的工作并不满意，我对自己的生活目标是：找一个称心如意的工作，改善自己的生活处境。再回到学校去读书，然后出国旅游。可是，现在的工作连我自己的日常生活都满足不了，我还期望什么呢？"

这位员工讲到这里，脸上露出无奈的表情，于是我问他："如果你现在对你的工作不满意，那么，你想从事什么样的工作呢？"

"我也不知道，所以我才向你请教。"这位员工讲到这里，又想了想说，"我想去从事销售，可是我没有信心，又觉得做销售工作非常赚钱。"

"那你认为做什么样的工作才适合呢？你认为做销售你就能适应吗？"我接着问，"我现在想知道，你生活的目标是什么，你最需要实现什么？"

"我……我……我也不知道，"这位员工回答说，"这么多年以来，我一直没有考虑过你刚才问的这些问题。"

"如果让你选择，你想做什么呢？你真正想做的是什么？"我对这个话题穷追不舍。

"我真的不知道，"这位员工困惑地说，"我真的不知道我究竟喜欢什么，我从没有仔细考虑过这个问题。我想我确实应该对自己要重新认识了，我应该对自己的目标有所树立了。"

"那么，我给你提个建议吧，"我接着说，"现在你就去做两件事：第一，看清楚你要的是什么，而大多数人从来不知道要这么做；第二，要有必须为成功付出代价的决心，然后想办法付出这个代价。如果你能做到这两点，那么，你离成功也就不远了。"

我最后和这位员工一起进行了彻底的分析，并对这位员工的性格做了测试，我发现这个员工对自己所具备的才能并不了解。于是我对他说："你有成功的机遇，但却因为种种原因破灭了，许多成功者当年也曾失败，他们一直感激那一天，是失败给他们打开了成功的大门。"

"你具有属于自己特长的地方，你要相信自己，相信你的能力，超越你的理想，这些并非徒劳的信念。如果你想无所不能，那就具备无所不能的信心吧！"

我对这位员工说完之后，我同时也深深地明白，对每一个人来说，前进的动力是不可缺少的，无论我们所从事的工作内容多么令人厌烦，只要他们设法全部按时完成。在工作中竭尽全力，不断给自己打气，那我们就一定能获得成功——因为没有什么困难能挡住我们前进的脚步。

所以说，一个人若是没有明确的目标，就不会有取得成功的希望。只有当我们树立了目标，并计划着如何实现它的时候，才可以把一个具体的目标看成一个可行的路线，不管我们在这条路线中将会遇到任何困难，我们都会去克服，因为此时在我们看来，任何摆在我们面前的困难都不是困难，我们不管遇到多少麻烦，都不会轻易放弃自己的目标，把阻挡在路上的绊脚石当成铺路石，继续向自己的目标迈进。

亨利·福特说："所谓的障碍，就是你把目光从目标移开时所见到的丑恶东西。"一个人找到目标，就好比是找到了开发自我潜能的工具，这是释放自我能量的关键，不论我们付出多少，只要能发挥自己的潜力，就会让人体会到生命的意义和价值。如果个人没有目标，就只能在人生的旅途上徘徊，永远到不了终点。

那些成大事者，非常善于在行动之前，通过自己的思维和判断来找到一个适合自己能力发展的目标，因为在他们看来，找准目标就等于成功了一半。

▶ 学会逐一实现你的目标

远大的目标，从来不可能是一蹴而就的。为了实现远大的目标，你还得建立相应的近期目标与中期目标，由近期目标逐步向中期目标推进，切切实实地看到目标一步步实现。

探险家约翰·戈达德在15岁时，拟了个题为《一生的志愿》的清单，上面列出：

"到尼罗河、亚马孙河和刚果河探险；登上珠穆朗玛峰、乞力马扎罗山和麦特荷恩山；驾驭大象、骆驼、鸵鸟和野马；探访马可·波罗和亚历山大一世走过的路；主演一部像《人猿泰山》那样的电影；驾驶飞行器起飞降落；读完莎士比亚、柏拉图和亚里士多德的著作；谱一部乐谱；写一本书；游览全世界的每一个国家；结婚生孩子；参观月球……"

他把每一个愿望编了号，共有127个目标。

当把梦想庄严地写在纸上之后，约翰开始循序渐进地实行。

16岁那年，约翰和父亲到佐治亚州的奥克费诺基大沼泽和佛罗里达州的埃弗洛莱兹探险。他按计划逐个地实现着自己的目标。49岁时，约翰完成了127个目标中的106个。

约翰集腋成裘、不辞辛苦地努力实现了包括游览长城（第40号目标）及参观月球（第125号目标）等目标。你如能像他一样，终有一天，你也会发现自己是走得最远的人！目标，是一个人未来生活的蓝图，也是一个人的精神生活的支柱。

爱因斯坦为什么年仅26岁时就在物理学的几个领域做出一流的贡献？

波士顿大学生化教授阿西莫夫为什么能够令人难以置信地写出200余部科普著作？

达·芬奇为什么能成为"全才"？

仅仅是由于他们的天赋吗？试想，当时爱因斯坦20多岁，学习物理学的时间不算长，作为一名业余研究者，他的时间更是极为有限。而物理学的知识浩如烟海，如果他不是运用直接目标法，那么就不可能在物理学的三个领域都取得一流的成就。

爱因斯坦在《自述》中说：

"我把数学分成许多专门领域，每一个领域都能用去我们所能有的短暂的一生……物理学也分成了各个领域，其中每一个领域也都能吞噬研究者短暂的一生……可是在这个领域里，我不久就学会了识别出那种能导致深邃知识的东西，而把其他许多东西撇开不管，把许多偏离主要目标的东西撇开不管。"

爱因斯坦的做法有哪些好处呢？其一是可以早出成果，快出成果；其二就是有利于高效率地学习，有利于建立自己独特的最佳的知识结构，并据此发挥自己过去未发挥的优点，使独创性的思想产生。

这种方法还可以使大胆的外行人毅然闯入某一领域并使之得以突破。

▶ 大目标是由小目标组成的

一个人没有目标，肯定不能成功，但是如果目标过大，就应学会把大目标分解成很多个具体的小目标，否则，很长一段时期你仍达不到目标，就会让你觉得非常疲惫，继而容易产生懈怠情绪，甚至可能会认为没有成功的希望而放弃你的追求。

如果将目标分解成具体的小目标，分阶段地逐一实现，你就可以尝到一个个成功的喜悦，继而产生更大的动力去实现下一阶段的目标。"笑到最后才是笑得最好的人"，经常让自己笑一笑，分阶段的成功加起来就是最后的成功。

25岁的时候，雷因失业而挨饿，他白天就在马路上乱走，目的只有

第三章 目标清晰才能掌控时间

一个，躲避房东讨债。

一天，他在42号街碰到歌唱家夏里宾先生。雷因在失业前，曾经采访过夏里宾。但是他没想到的是，夏里宾竟然一眼就认出了他。

"很忙吗？"他问雷因。

雷因含糊地回答着，他想夏里宾也许看出了自己的际遇。

"我住的旅馆在100号街，跟我一同走过去好不好？"

"走过去？但是，夏里宾先生，60个路口，可不近呢。"

"胡说"，他笑着说，"只有5个街口。"

"……"雷因不解。

"是的，我说的是47号街的一家射击游艺场。"

这话有些所答非所问，但雷因还是顺从地跟他走了。"现在，"到达射击场时，夏里宾先生说，"只有11个街口了。"

不多一会，他们到了卡纳奇剧院。

"现在，只有5个街口就到动物园了。"

就这样，雷因跟着夏里宾走向几个街口距离的"小目的的"，再接着走向下一个"小目的的"。终于他们在夏里宾先生住的旅馆停了下来。奇怪得很，雷因并不觉得怎么疲惫。

夏里宾给他解释为什么没有感到疲惫的理由："你与你的目标无论有多遥远的距离，都不要担心，把你的精神集中在5个街口的距离，别让那遥远的未来令你感到烦闷。"

1984年，在东京国际马拉松邀请赛上，名不见经传的日本选手山田本一出人意料地夺得了世界冠军。当记者问他凭什么取胜时，他只说了"凭智慧战胜对手"这么一句话，当时许多人认为这纯属偶然，山田本

· 069 ·

一在故弄玄虚。

两年后，在意大利国际马拉松邀请赛上，山田本一再次夺冠。记者又请他谈经验，性格木讷的山田本一还是说了之前那句话。

山田自己做了一个结论："每次比赛我总是把跑在我前面的对手当成一个个目标，在追赶目标的强大动力下，我最终取得了成功。"

在平常生活、工作中，我们都会有自己的目标，达到目标的成功关键在于把目标细化、具体化，让自己每天有一个小目标。

每个人不但要有一个人生目标，而且每天应有一个小目标。小目标也许不是什么宏图大业，也不是高远的志向，仅仅只是一件平常的事情，你今天一定要去完成它，这样你才能感到满足和快乐。

一幅画可以让你欣赏许多天，甚至许多年。也许它不是杰作，但这并不要紧。问题是：你是不是把你的精力画进去了？这幅画比起你上次所画的，是不是付出得更多、更好？

你要不停地前进，尽力把每一件事情做好。进一步说，假如你还没有目标，那就不妨继续前进——自然会有目标与你并驾齐驱。你的方向是永远向前迈进的。

▶ 合理调整你的目标

有许多事情，可能你虽然费了很大的劲，但它总是处于一个进退两难的状态。这时候，最明智的办法就是合理调整你的目标，另外寻找成功的机会。

牛顿早年就是永动机的追随者。在进行了大量失败的实验之后，他很失望，但他很明智地退出了对永动机的研究，在力学研究中投入更大的精力。最终，许多永动机的研究者默默而终，而牛顿却因摆脱了无谓的研究，而在其他方面脱颖而出。

在人生的每一个关键时刻，要审慎地运用智慧，做出最正确的判断，选择正确的方向，同时别忘了及时检视选择的角度，适时调整。放弃无谓的固执，冷静地用开放的心胸做正确的抉择。每次正确无误的抉择将指引你走在通往成功的坦途上。

当你确定了目标以后，下一步便是坚定自己的目标，或者说坚定自己所希望达到的领域。如果你决心做出改变，那就必须考虑到改变后是什么样子；如果你决定解决某一问题，那就必须考虑到解决问题的过程中可能遇到的困难。

当描述了理想的目标以后，你必须研究达到该目标所需的时间、财力、人力，你的选择、途径和方法只有经过检验，方能估量出目标的现实性。你或许会发现自己的目标是不可行的，那你就要量力而行，修改自己的目标。

有许多满怀雄心壮志的人很有毅力，也很坚强，但是由于不会进行新的尝试，因而无法成功。虽然忠实地执行目标很重要，但也不能太生硬，不知变通。如果你确实感到行不通的话，那就尝试调整你的目标。

那些百折不挠、牢牢掌握住目标的人，都已经具备了成功的要素。下面有两个建议，希望能助你更易于获得期望的结果。

第一，告诉自己"总会有别的办法可以办到"。每年有几千家新公司获准成立，可是5年以后，只有一小部分仍然继续营运。那些半路退出的人会这么说："竞争实在是太激烈了，只好退出。"其实，问题的关键在于他们遭遇障碍时，只想到失败，因此才会失败。如果你认为困难无法解决，就会真的找不到出路，因此一定要拒绝"无能为力"的想法。

第二，先停下，然后再重新开始。我们时常钻进牛角尖而不知自拔，因而看不出新的解决方法。成功者的秘诀是随时检视自己的选择是否有偏差，合理地调整目标，放弃无谓的固执，轻松地走向成功。

两个贫苦的樵夫靠着上山捡柴糊口。有一天，在山里他们发现两大包棉花，两人喜出望外。棉花价格高过柴薪数倍，将这两包棉花卖掉，足可供家人一个月衣食无虑。当下，两人各自背了一包棉花，便欲赶路回家。

走着走着，其中一名樵夫看到山路上扔着一大捆布，走近细看，竟是上等的细麻布，足足有十多匹。他欣喜之余，和同伴商量，一同放下背负的棉花，改背麻布回家。他的同伴却有不同的看法，认为自己背着棉花已走了一大段路，到了这里丢下棉花，岂不枉费自己先前的辛苦，坚持不愿换麻布。

先前发现麻布的樵夫屡劝同伴不听，只得自己竭尽所能地背起麻布，继续前行。又走了一段路后，背麻布的樵夫望见林中闪闪发光，待近前一看，地上竟然散落着数坛黄金，心想这下真的发财了，赶忙邀同伴放下肩头的棉花，改用挑柴的扁担挑黄金。

他的同伴仍不愿丢下棉花，并且怀疑那些黄金不是真的，劝他不要白费力气，免得到头来空欢喜一场。发现黄金的樵夫只好自己挑了两坛黄金，和背棉花的伙伴赶路回家。两人走到山下时，突然下了一场大雨，两人在空旷处被淋了个透。

更不幸的是，背棉花的樵夫背上的大包棉花，吸饱了雨水，重得已无法背动，那樵夫不得已，只能丢下一路辛苦舍不得放弃的棉花，空着手和挑金的同伴回家去。

一个非常干练的推销员，他的年薪有六位数。很少有人知道他原来是历史系毕业的，在干推销员之前还教过书。

这位成功的推销员这样回忆他前半生的道路："事实上，我曾是个很无趣的老师。由于我的课很沉闷，学生个个都坐不住，所以，我讲什么他们都听不进去。我之所以是无趣的老师，是因为我已厌烦了教书生涯，对此毫无兴趣可言，但这种厌烦感却在不知不觉中也影响到学生的情绪。于是，我痛下决心，走出校园去闯一番事业。就这样，我才找到推销员这份自己胜任并且感觉愉快的工作。"

坚持是一种良好的品性，但在有些事情上，过度的坚持，会导致更大的浪费。

历史上的永动机，就使很多人投入了毕生的精力，浪费了大量的人力、物力。因此，在一些没有胜算把握和科学根据的前提下，应该见好就收，知难而退。

有人认为：如果没有成功的希望，而去屡屡试验是愚蠢的、毫无益处的。

有的人失败，不是没有本事，而是定错了目标。成功者为避免失败，时刻检查目标是否合乎实际，合乎道德。

一个人要想获得事业上的成功，首先要有目标，这是人生的起点。没有目标，就没有动力，但这个目标必须是合理的，在你执行目标的过程中，要不断检验目标的合理性，如果不合理，请立即调整，否则付出千百倍努力，也不会获得成功。

▶ 定下行动的期限

立即行动可以使你保持较高的热情和斗志，能够提高办事的效率，而拖延时间只能消耗你的热情和斗志，使你无心做事。拖延之后再想让疲软的心态鼓起斗志是比较困难的。

在行动之前应该给自己定下一个合理的期限，没有一定期限的行动，常常是无效行动或效率低下。有一个时间的约束，你就能时刻提醒自己：必须马上行动，否则，在约定期限内就完不成行动计划。

非常重要的一个问题就是：一定要将它落实。不能把它当成一句废话，在提醒自己时要起作用，不要说："以后再去执行。""以后"就意味着这次行动的失败，下次行动继续受到自己拖延习惯的威胁，下一次你还要面对这个问题。

现在就消灭掉这个坏毛病，立即行动，不是很好吗？

成功只属于那些愿意成功的人，成功有明确的方向和目的。自己不愿成功，谁也拿你没办法；自己不去实际行动，上天也帮不了你。

有一位很有才气的学者，他想写一本人物传记。这个主题很有趣又很少见，凭他的渊博知识和优美的文笔，这个计划完成后肯定会给他赢得很大的成就。他准备立即动手写，在半年的时间里完成。

第一天晚上，他坐在桌前正准备写作时，看了一下钟表，20点刚过，他突然想起20：30电视上有一场精彩的球赛直播，于是他写作的心思没有了，放下笔去看球赛。他就对自己说，明天再写吧，反正时间还很多。

到了第二天晚上，一个老朋友给他打来了电话，叫他去喝酒，他本想在家里写作，不出去了。犹豫了一会，他又有了理由：朋友难得一聚，书可以明天再写嘛。

第三天晚上，因为前天晚上喝酒喝得太晚没有休息好，便早早地上床睡觉了。

以后的日子里，他总是为自己找各种各样的借口，"今天太累了，明天再写吧""今天是休息日，得放松一下，明天写吧"。

一直以来，他都没有坐下来好好写过。很快，一年过去了，朋友问他书写得怎么样了，他却说这段时间太忙，还没开始写，等时间充裕了一定要把这本书写好。

多么可怕的坏习惯！他日复一日地拖延着时间，总是为自己留后路，不去行动，始终没有获得想要的成功。

不管你现在决定做什么事，设定了多少目标，你都一定要给自己设置一个期限，并且立刻行动起来，不要把今天的事拖到明天去完成。现在就做，马上就做，是一切成功人士必备的品格。

CHAPTER 04

第四章

确立目标，马上行动

如果你想取得成功，就必须先从行动开始。

一个人的行为影响他的态度，行动能带来回馈和成就感，也能带来喜悦，通过潜心工作得到自我满足和快乐，这是其他方法不可取代的。这么说来，如果你想寻找快乐，如果你想发挥潜能，如果你想获得成功，就必须积极行动，全力以赴。

每天不知会有多少人把自己辛苦得来的新构想取消，因为他们不敢执行。过了一段时间以后，这些构想又会回来折磨他们。

天下最可悲的一句话就是：我当时真应该那么做，但我却没有那么做。经常会听到有人说："如果我当年就开始做那笔生意，早就发财了！"一个好创意胎死腹中，真的会叫人叹息不已，永远不能忘怀。如果真的彻底施行，当然就有可能带来无限的满足。

▶ 只有行动者才能抓住机遇

争气的人不会等待机会的到来，而是寻找并抓住机会，把握机会，征服机会，让机会为他服务。

一个人只有敢于行动，才能真正地获得机遇，才能在人生的道路上驾驭机遇，取得人生中的成功，去实现自己的理想与抱负。

敢于行动的人，才是一个真正成功的人，不断努力创造机遇是行动的一个主要力量。机遇不是等待，而是创造。世界上所有成功人士都懂得创造机遇的奥秘，那就是敢于行动。

机会永远都垂青那些敢于尝试新鲜事物的人们，当机会来临的时候不要犹豫不前，而是要在经过认真思考之后，果断地采取行动，把握机遇！

想法决定所需，行动决定所得！无论你想什么，如果没有行动，它就是空想。所以说，一个人若想成功，就不应该停留在想的阶段，而是应该去行动。

第四章 确立目标，马上行动

一家公司因用人需要，正在进行招聘工作，此时，招聘室外已经排好了20来个人。这时，一个男孩也来排队。他立刻意识到自己前面已经排了20个人，然而他并没有站在那干等。他留了张纸条让排在他后面的人帮他占住这个位置。

然后，他就走到招聘室外的秘书小姐处，递给她一张纸条，上面写着："您好，我是第21位面试者，请您在面试完21个人之前不要轻易做出决定。谢谢！"秘书看到他很有趣，于是答应替他把小纸条交给面试官。面试官看完那张纸条后，笑了一笑。

一个人要想获得机会，那么就必须主动伸出你的手去抓，就得马上行动起来，为机遇的到来做好准备。

一个不行动的人，不管有怎样美好的梦想，怎样巧妙的构思，怎样坚定的信心，如果没有行动这只手，那这些东西也只是一种虚假的存在。

威廉·詹姆斯在《生命的意义》中曾说："纯粹的理想是生命中最廉价的东西……最不值一提的感伤主义者、梦想者、醉汉、逃避责任者和拙劣的诗人，从不表露丝毫的努力、勇气和耐心，或许他们会有最丰富的理想。"

作家茨威格也说："不顾一切地采取果断的行动……因为单凭善心和真理，从来没有把人类治愈过，也从来没有把一个人治愈过。"

机遇是自己用行动创造出来的，一个人若想获得机遇，就需要采取行动，把机遇创造出来。如果一个人想等着别人把机遇送到他面前，那他就永远也不会成功。无论从哪方面说，干什么都需要行动。只不过早晚而已，而到底是"早"还是"晚"，结果却是大不相同。

早行动是一种状态，行动早则是一种机遇。如果我们不能把握时机，虽然起步只比别人迟一点，但未来可能会比别人差很多。机遇就是行动，一个人要敢于行动，因为它孕育着希望。

任何一个机会，都需要我们自己去创造，如果一个人天真地相信好机会在别的地方等着你，或者会自动找上门来，那么，他无疑是一个失败的人，永远不会成功。所以，如果我们现在没有工作，或者是暂时有困难，那就要行动起来，而不要等着好事上门找你。

总之，如果你不主动、用行动去创造机会，不去发现机会，那你就会在守株待兔般的等待中虚度一生。

一只狐狸听说河对岸有甘甜的葡萄可以吃，便想过河去。可当它走到河边后，狐狸犯难了，想过河就得弄湿自己光滑、漂亮的皮毛，而如果不过河的话就吃不到甘甜的葡萄。这时，它想着，不知道该怎么办。

狐狸在河边踱步、沉思，专注得连身后猎人的脚步声都没有听到。于是，它成了猎人的猎物。

在我们的现实生活中，每个人都想获得成功，可真正能成功的人却寥寥无几。那并不是因为他们不够聪明，而是他们太过于聪明了，只是一味地打算，而不去行动。只要去行动，总会有所收获，因为只有行动才会为成功创造机遇。

有一天，三个财主一起出去散步，其中有一个人忽然发现前方地上有一枚闪闪发光的金币，他高兴得连眼神都凝固了！几乎是同时，另一个人也大叫起来："金币！"话音还没有落下来，第三个人已经俯身把金币捡到自己手里。

从这个故事中我们可以知道：每个人在机遇面前都是平等的，行动才是最重要的。在现实生活中，有很多人都发现了机遇，但是他们却什么都没有去做，这也是他们失败的原因。他们不能立即通过行动去抓住机遇，最终也就没有发现机遇。

生活中到处都是机遇，只是看你是否会把握，是否会用自己的行动去抓住它，如果一个人抓住机遇，那这个人就已经成功了一半。机遇对每个人来说是一样的，但是，对不同行动的人又是不一样的。

行动会使一个人实现梦想，行动也会使一个人在平凡中脱颖而出，也只有行动才有可能成功。一百次的心动不如一次的行动。行动创造价值，积极行动可以使你抓住成功的机遇。在我们的生活中，我们应该用敏锐的目光去发现机遇，用果敢的行动去抓住机遇，还要用坚持不懈的努力去把机遇变成真正的成功。

▶ 用行动来消除烦恼，克服恐惧

烦恼，是一种很复杂的心态。它既反映出人们对现实的不满，同时又反映出人们对现实的恐惧。烦恼者总生活在没完没了的埋怨声中，希望能走来一位"救世主"般的人物，一下子给他们一个完美的世界。事实上，完美的世界不是靠烦恼得来的，而是靠行动，而且是立即行动争取来的。

烦恼，究其原因，往往是因为你缺乏行动的勇气，没有必胜的信心。成功是不会等待你的，在你烦恼的时候，那些充满信心、用行动改变自己命运的人，已经有所成就了。而此时你又烦恼了，他们行动太快了，条件太好了，他们已在这方面取得了成功，"我可能永远也不会成功了，我该怎么办啊？"

行动是你改变现状的捷径，而一味地烦恼则只能消磨你的斗志，动摇你的信心。烦恼是你不敢来争取行动的借口，是来自内心恐惧的借口。

行动本身会增强信心，烦恼只会带来恐惧。克服恐惧最好的办法就是行动，埋怨、等待、拖延、推托只会增加恐惧感。

伞兵教练说："跳伞本身真的很好玩。让人难受的只是'等待跳伞'的一刹那。在跳伞的人各就各位时，我会让他们尽快渡过这段时间。曾经不止一次，有人因想可能发生的事太多而晕倒，如果不能鼓励他跳，他就永远当不成伞兵了。跳伞的人拖得愈久愈害怕，就愈没有信心。"

"等待"会折磨各种人，甚至让他们变得神经兮兮。

新闻播音员爱德华·慕罗以前面对麦克风总是满头大汗，而一旦开始播音以后，所有的恐惧就都没有了。许多老牌演员也有这种经验，他们都同意，治疗舞台恐惧症唯一的良药就是"行动"，立刻进入状态可以解除所有的紧张、恐怖与不安。

一般人应付恐惧最常用的方法就是"不做"，或是埋怨这，埋怨那，即使最老练的推销员也难免。他们为了克服恐惧，往往在客户附近徘徊犹豫，要不然干脆找个地方一杯又一杯地喝咖啡来增加自信与勇气，可这样根本就没有效果。克服恐惧——任何一种恐惧，最好的办法就是"立刻去做"。

你害怕电话访问吗？马上就去打电话，你的恐惧便会一扫而光。如果你仍旧拖拖拉拉，你就会愈来愈不想打了。

你是不是不敢做一次全身健康检查？只要你去，你所有的疑虑都会消失。你可能什么毛病也没有；万一有，也可以及早发现得到治疗。如果不去检查的话，你的恐惧会越来越深，直到真正生病为止。

你是不是不敢跟上司讨论问题？马上找他讨论，这样才会发现根本没必要那么紧张。

建立你的信心，用行动来消除烦恼吧，你会有更多的收获。

要克服恐惧，必须毫不犹豫，立即行动，唯有如此，心中的慌乱方得以平定。行动会使猛狮般的恐惧减缓为蚂蚁般的平静。

▶ 行动，行动，再行动

行动与思想一样重要。如果你每天都在想着做什么，而不付诸实际行动，那只能是空想，永远也不会成功。

德谟斯特斯是古希腊的雄辩家，有人问他雄辩之术的首要内容是什么？

他说："行动。"

"第二点呢？""行动。"

"第三点呢？""仍然是行动。"

人有两种能力，思维能力和行动能力，没有达到自己的目标，往往不是因为思维能力，而是因为行动能力。

我曾读过这样一则古文"蜀之鄙有二僧"，就是讲在四川的偏远地区有两个和尚，其中一个贫穷，一个富有，两人都想到南海去。一天，穷和尚对富和尚说："我想到南海去，您看怎么样？"富和尚说："你凭借什么去呢？"穷和尚说："凭一个水瓶、一个饭钵就足够了。"富和尚说："我多年来就想买船沿着长江而下，现在还没做到呢，你凭什么去？"第二年，穷和尚从南海归来，把去南海的事告诉富和尚，富和尚深感惭愧。

穷和尚与富和尚的故事说明一个简单的道理：光说不动是达不到目的的。

克雷洛夫说："现实是此岸，理想是彼岸，中间隔着湍急的河流，行动则是架在河上的桥梁。"行动才会产生结果，行动是成功的保证。任何伟大的目标，伟大的计划，最终必然落实到行动上。

拿破仑说："想得好是聪明，计划得好是更聪明，做得好是最聪明又最好的。"

成功开始于心态，成功要有明确的目标，这都没有错，但这只相当于给你的赛车加满了油，弄清了前进的方向和线路，要想抵达目的地，还得把车开动起来，并保持足够的动力。永远是你采取了多少行动才让你更成功，而不是你知道多少才让你成功。所有的知识必须化为行动。不管你现在决定做什么事，不管你设定了多少目标，你一定要立刻行动。唯有行动才能使你成功。

就像《把信送给加西亚》中的罗文，麦金利总统把一封写给加西亚的信交给他，而罗文接过信之后，没有讲问题，没有谈条件，更没有抱怨，只有行动，积极、坚决的行动！

"只有行动赋予生命以力量。"人是自己行为的总和，是行动最终体现了人的价值。只有你的行动，决定你的价值。这就是成功的秘诀！

▶ 认定了就要去做

麦克·瓦拉史是位电视节目主持人，他在刚进入电视台的时候还是一名新闻记者，因他口齿伶俐，反应快，所以除了白天采访新闻外，晚上还报道七点半的黄金档。以他的努力和观众的良好反应，他的事业应该是可以一帆风顺的。

不过，因为麦克的为人很直率，一不小心得罪了顶头上司新闻部主管。在一次新闻部会议上，新闻部主管出其不意地宣布："麦克报道新闻的风格奇异，一般观众不易接受。为了本台的收视率着想，我宣布，以后麦克不要在黄金档报道新闻，改在深夜十一点报道新闻。"

这个毫无前兆的决定让大家都很吃惊，麦克也感到很意外。他心里觉得很难过，但突然他想到"这也许是上天的安排，是在帮助我成长"，他的心渐渐平静下来，表示欣然接受新差事，并说："谢谢主管的安排，这样我可以利用下午六点钟下班后的时间来进修。这是我早就有的希望。"

此后，麦克天天下班之后就去进修，并在晚上十点左右赶回公司准备夜间新闻。他把每一篇新闻稿都详细阅读，充分掌握它的来龙去脉。他的工作热诚绝没有因为深夜的新闻收视率较低而减退。

渐渐地，收看夜间新闻的观众愈来愈多，好评也愈来愈多。随着这些不断的好评，有些观众也责问："为什么麦克只播深夜新闻，而不播晚间黄金档的新闻？"询问的信件、电话不断，终于惊动了总经理。

总经理把厚厚的信件摊在新闻部主管的面前，对他说："你这新闻主管怎么搞的？麦克如此人才，你却只派他播夜间新闻，而不是播黄金时段？"

新闻部主管辩解称："麦克希望下午六点下班后有进修的机会，所以不能排上黄金档，只好排在深夜的时间。"

"叫他尽快重回晚上七点半的岗位。我下令他在黄金时段中播报新闻。"

就这样，麦克被新闻部主管"请"回黄金时段。不久之后，麦克被选为全美最受欢迎的电视记者之一。

过了一段时间，电视界掀起了益智节目的热潮，麦克获得十几家广告公司的支持，决定也开一个节目，于是，他找新闻部主管商量。

积着满肚子怨恨的新闻部主管，板着脸对麦克说："我不准你做！因为我计划要你做一个新闻评论性的节目。"

虽然麦克知道当时评论性的节目争论多，常常吃力不讨好，收入又低，但他仍欣然接受说："好极了！"

自然，麦克吃尽苦头，但他没说什么，仍是全力以赴，为新节目奔忙。节目上了轨道也渐渐有了名声，参加者都是一些出名的重要人物。

总经理看好麦克的新节目,也想多与名人和要人接触。有天他找来新闻部主管,对他说:"以后节目的脚本由麦克直接拿来给我看!为了把握时间,由我来审核好了,有问题也好直接跟制作人商量!"

从此,麦克每周都直接与总经理讨论,许多新闻部的改革也有他的意见。他由冷门节目的制作人,渐渐变成热门人物,同时,他也获得许多节目制作奖。

相信自己的实力,即使经历种种障碍,只要你坚持下去,终将获得不凡的成就。

华裔电脑名人王安博士说,影响他一生的事发生在他5岁的时候。

一天,他外出玩耍,经过一棵大树时,突然有一个鸟巢掉在他的头上,里面滚出了一只嗷嗷待哺的小麻雀。他决定把它带回家喂养,便连同鸟巢一起带回了家。

走到家门口,忽然想起了妈妈不允许他在家里养小动物。他轻轻地把小麻雀放在门口,急忙进屋去请求妈妈,在他的哀求下妈妈破例答应了儿子。王安兴奋地跑到门口,不料小麻雀已经不见了,一只黑猫在意犹未尽地擦拭着嘴巴。

王安为此伤心了很久。

从此,他记住了:只要是自己认定的事情,绝不可优柔寡断。犹豫不决固然可以免去一些做错事的机会,但同时也失去了成功的机遇。

高效率宝典：时间管理技巧

▶ 早行动才能早成功

　　伴随着你的出生，时间就像一位忠实的朋友，时时刻刻守在你的身边，它不向你索取什么，只是默默地向你支付大把大把的日子。但时间是有个性的，你如何对待它，它就如何对待你。

　　人们不论做什么事情，都必须有个良好的开始。

　　一个最简单的比方，我们每一个人写信时，开头的几句是要多用些心思的。

　　任何工作都是开头难。开始工作，务必格外卖力气。也就是说，集中全部的意志力，克服开始工作时的困难。这是处理工作的秘诀。

　　"晚30分钟上班，还不是一样。"有的人这样说道。

　　"可不是，起初30分钟，有哪个是在工作的……"

　　确实不错，上班后的头30分钟里，工作效率是最差劲的。甚至还有人整个上午都提不起精神。这些都是将应该立即工作的那段宝贵时间白白浪费掉的懒惰者。

　　早晨谁不贪睡？然而既然醒了，就该立即起床，这是扫除瞌睡的最好方法。如果无精打采的，反而睡意更浓，活动一下，会使脑筋清醒。

　　早晨要拿出饱满的精神状态，穿着要整齐，早餐要吃饱，然后尽力地开始一天的工作。有气无力地开始工作，要么工作效率低，要么完不成。

精神焕发地开始，也就等于事情成功了一半。

一位名叫杰姆斯·迪克的老板看见他的朋友洛克斐将中小油田公司建成了超级大公司，自己也想设立大烟草公司。

"好，开始了。"他毫不为难地说。确实，正是他这种不畏困难开始行动的精神，在随后几年中，他的事业也达到了巅峰。

一再地想，不如立即开始；

不要拖延到明天，请立即开始；

不要以为有多么难，请立即开始。

思考要周详，要聚集一切才智和气力。

这时候，勇气也是很重要的，怯懦的心或许要说："这种事情，我办不了。"但是如能强制自己开始工作，或许你也能将事情做好。

或许你用不着这"开始的奋发"，也能把事办好，不过还是在每天早晨，热心诚意地开始工作吧。你将会有比现在得到更大的成功。

在相同的时间内，用相同的劳力做尽可能多的事情的最佳方法就是即时处理。

简单地说，就是凡决定自己要做的事，不管它是什么事，就立刻动手去做，"立刻"这一点至关重要。

立刻动手，这不仅省去了记忆、记载或从头再想的时间，而且可以解除把一件事总记挂在心上的思想包袱。

脑海中一旦闪现出对工作有用的想法和主意时，要马上动手记下来。无论什么事，"再来一次吧"都会造成时间浪费。诚然，有些事情是需要深思熟虑的，是需要花时间考虑的。但对于有些不太重要的事，该做决定就应立即做决定，并马上动手去干。

然而，有一些人却有一个很不好的工作作风，拖拖拉拉，本来可以随手处理的事，却拖得几天办不了；几周内可以办的事，却几个月不见踪影。还有的人对需要解决的问题有意识地"踢皮球"，你踢向我，我踢向你，导致工作效率极低。殊不知，被拖延的事务，将来仍然需要做，而且需要花费更多的精力去做。

拖延必然要付出更大的代价。能拖就拖的人心情总不愉快，总觉疲乏。因为应做而未做的工作会不断给他压迫感。"若无闲事挂心头，便是人间好时节"，拖延者心头不空，因而常感时间压力。拖延并不能省下时间和精力，刚好相反，它使你心力交瘁，疲于奔命。不仅于事无补，反而白白浪费了宝贵时间。

拖延的恶习，其实就是为了暂时逃避内心深处的恐惧感。

一是，恐惧失败。似乎凡事拖一下，就不会立刻面对失败了，而且还可以自我安慰：我会做成的，只是现在还没有准备好。拖延只是为失败留下台阶，拖到最后一刻，即使做不好，也有借口说，在如此短的时间内能有如此表现已经是很不错的了。

二是，恐惧不如人。拖到最后，能不做便不做了，既消除了做不好低人一等的恐惧，还满足了虚荣心，告诉别人，换成是我的话，做得肯定比他们好。

哲学家塞涅卡说："时间的最大损失是拖延、期待和依赖将来。"时间是水，你就是水上的船，你怎样对待时间，时间就会怎样来沉浮你。

❯ 不再拖延，做了再说

本杰明·富兰克林曾说过："今天可以执行的事不要拖到明天。"这与我们常说的"今日事今日毕"是一个道理。很多有拖延症的人就是缺乏行动力，他们没有动力去行动，所以才会一直拖延，最终耽误自己。其实，当你不再空想，开始行动的时候，你的拖延症就已经消失了。

如果你有个电话应该打，可是你总是拖拖拉拉，而事实上你已经一拖再拖。如果这时那句"现在就去做"从你的潜意识里闪到意识里："快打电话呀！"请你立刻就去打电话。

或者，你把闹钟定在早上六点，可是当闹钟响起时，你却觉得睡意正浓，于是干脆把闹铃关掉，倒头再睡。如果这种情况继续下去，你将来就会养成拖延的习惯。假使你把"现在就去做"固定到意识里，你就不得不立刻爬起来不睡了。为什么？因为你要养成"现在就去做"的习惯。

行动可以改变一个人的态度，使他由消极转为积极，使原先可能糟糕透顶的一天变成愉快的一天。

卓根是哥本哈根大学的学生，有一年暑假他去兼职当导游。因为他总是高高兴兴地做了许多额外的服务，因此几个芝加哥来的游客就邀请他去美国观光。旅行路线包括在前往芝加哥的途中，到华盛顿特区做一天的游览。

卓根抵达华盛顿以后就住进威乐饭店，他在那里的账单已经预付过了。他这时真是乐不可支，外套口袋里放着飞往芝加哥的机票，裤袋的皮夹里则装着护照和钱，后来这个青年突然遇到晴天霹雳。当准备就寝时，他才发现皮夹不翼而飞。他立刻跑到柜台那里。

"我们会尽量想办法。"经理说。第二天早上仍然没找到。卓根只剩下不到2美元。他自己孤零零一个人在异国，应该怎么办呢？打电报给芝加哥的朋友向他们求援？还是到丹麦大使馆去报告遗失护照？还是坐在警察局里干等？

他突然对自己说："不行，这些事我一件也不能做。我要好好看看华盛顿。说不定我以后没有机会再来，但是现在仍有宝贵的一天待在这里。好在今天晚上还有机票到芝加哥去，一定有时间解决护照和钱的问题。我跟丢掉皮夹以前的我还是同一个人。那时我很快乐，现在也应该快乐呀。我不能白白浪费时间，现在正是享受的好时候。"

于是，他立刻动身，徒步参观了白宫和国会山庄，并且参观了几座大博物馆，还爬到华盛顿纪念馆的顶端。

等他回到丹麦以后，这趟美国之旅最使他怀念的却是在华盛顿漫步的那一天。如果他没有运用做事的秘诀就会白白溜走那一天。"现在"就是最好的时候，他知道在"现在"还没有变成"昨天我本来可以……"之前就把它抓住。

如果下定决心立刻去做，往往会使你最热望的梦想也实现。孟列·史威济正是如此。

第四章　确立目标，马上行动

史威济非常喜欢打猎和钓鱼，他最喜欢的生活就是带着钓鱼竿和猎枪步行五十里到森林里，过几天以后再回来，筋疲力尽，满身污泥却快乐无比。

唯一不便的是，他是个保险推销员，打猎钓鱼太花时间。有一天，当他依依不舍地离开心爱的鲈鱼湖，准备打道回府时突发异想：

在这荒山野地里会不会也有居民需要保险？那他不就可以同时工作又在户外逍遥了吗？结果他发现果真有这种人：他们是阿拉斯加铁路公司的员工。他们散居在沿线五十里各段路轨的附近。他可不可以沿铁路向这些铁路工作人员、猎人和淘金者推销保险呢？

史威济就在想到这个主意的当天开始积极计划。他向一个旅行社打听清楚以后，就开始整理行装。他不肯停下来让恐惧乘虚而入，自己吓自己会使以后自己的主意变得荒唐，以为它可能失败。他也不左思右想找借口，他只是搭上船直接前往阿拉斯加的"西湖"。

史威济沿着铁路走了好几趟，那里的人都叫他"走路的史威济"，他成为那些与世隔绝的家庭最欢迎的人，他也代表了外面的世界。不但如此，他还学会理发，替当地人免费服务。

他还无师自通地学会了烹饪。由于那些单身汉吃厌了罐头食品和腌肉之类，他的手艺当然使他变成最受欢迎的贵客啦。而在这同时，他也正在做一件自然而然的事，正在做自己想做的事：徜徉于山野之间，打猎、钓鱼，并且像他所说的"过史威济的生活"。

孟列·史威济在把突发的一念付诸实行以后，在动身前往阿拉斯加的荒原以后，在沿线走过没人愿意前来的铁路以后，他一年之内就做成了百万美元的保险业务，假使他在突发奇想时，有半点迟疑，那这一切都不可能发生。

"现在就去做"可以影响你生活中的每一部分，它可以帮助你去做该做而不喜欢做的事；在遭遇令人厌烦的职责时，它可以教你不推脱，不延迟；它也能像帮助孟列·史威济那样，帮你去做你"想"做的事；它也会帮你抓住宝贵的刹那，这个刹那一旦错过，很可能永远不会再碰到。

许多人都有拖延的习惯。因为拖拖拉拉耽误了火车，上班迟到，甚至更严重。错过可以改变自己的一生，错过使自己变得更好的良机。所以，要记住："现在"就是行动的时候。

▶ 不要聪明反被聪明误

我们当中总有些人在做事前先要费尽心思地盘算能不能偷工减料，能不能找到解决问题的小窍门、小技巧，甚至不惜损害他人的利益来达到自己的目的。这些人总以为自己很聪明，可事实证明，越是自作聪明的人，越是"聪明反被聪明误"。

人若有些小聪明是好事，但是我们不应当将所有的希望，将事物的成败都寄予在我们的"小聪明"上，更多的时候，我们需要的是脚踏实地地去做，去努力，而不是依靠投机取巧。

哲学家柏拉图正和他的学生走在马路上。这名学生是柏拉图的得意弟子之一。他很聪明，总是能在很短的时间之内领会老师的意思；他很有潜力，总是能提出一些具有独特视角的问题；他也很有理想，一直希望自己能够成为像老师一样伟大，甚至比老师还要博学的哲学家。所以他常常自视聪慧，不愿意在学识上多下功夫，自认为聪明能敌过他人的努力。

但是柏拉图认为他还需要生活的历练，还需要更加刻苦。柏拉图曾经语重心长地对这名学生说过一句话："人的生活必须要有伟大理想的指引，但是仅有伟大的理想而不愿意脚踏实地，一步一个脚印地朝着理想奋进，那也就不能称为完美的生活。"

这名学生知道老师是在教导自己要脚踏实地，但他认为自己比别人聪明，总能用一些技巧轻易地解决问题；自己的理想也比别人的更加伟大，所以只要自己想做的，总能轻易地取得成功。

柏拉图也相信这名学生能够做出一番大事业，但是他却只看到大目标而不顾脚下道路的坎坷以及自身的缺点。柏拉图一直想找一个合适的机会让学生自己意识到他的这一缺点。

一天，柏拉图看到他们前面的不远处有一个很大的土坑。这个土坑周围还有一些杂草，平常人们只要稍加注意就可以绕过这个土坑，但柏拉图知道他的学生在赶路时经常不注意脚下。于是，他指着远处的一个路标对学生说："这就是我们今天行走的目标，我们两个人今天进行一次行走比赛如何？"学生欣然答应，然后他们就开始出发了。

学生正值青春年少，他步履轻盈，很快就走到了老师的前面，柏拉图则在后面不紧不慢地跟着。柏拉图看到，学生已经离那个土坑近在咫尺了，他提醒学生"注意脚下的路"，而学生却笑嘻嘻地说："老师，我想您应该提高您的速度了，您难道没看到我比您更接近那个目标了吗？"

他的话音刚落，柏拉图就听到了"啊"的一声叫喊——学生已经掉进了土坑里。这个土坑虽然没有让人受重伤的危险，但是它却足以使掉下去的人无法独自上来。

学生现在只能在土坑里等着老师过来帮他了，柏拉图走过来了，他并没有急着去拉学生，而是意味深长地说："你现在还能看到前面的路标吗?根据你的判断，你说现在我们谁能更快地到达目的地呢？"

聪明的学生已经完全领会了老师的意思，他满脸羞愧地说："我只顾着远处的目标，却没走好脚下的每一步路，看来还是不如老师呀！"

一个人拥有智慧的头脑是值得骄傲的，但是聪明并不代表着一切，聪明是天赋，是先天的优势，但是成功却等于1％的天赋加上99％的汗水。倘若你比他人有天赋，那说明你比他人离成功更近，你有更多的资本走上成功的捷径，但并不代表着成功。

如果仅仅想要依靠聪明天赋来成就一番事业，而不愿意脚踏实地、勤奋努力地做事，那即使有再高的天赋也是无用的，因为成功还必须要付出和努力。

聪明也并不代表智慧。很多人在不同的方面都有些小聪明，但真正有大智慧的人却寥寥无几。

莎士比亚提醒我们，千万不要自作聪明，变成"一条最容易上钩的游鱼"，"用自己全副的本领"来"证明自己的愚笨"。

一个人如果把心思过多地用在小聪明上，那他必定没有精力去开发和培养他的大智慧。聪明和智慧是两个不同的概念，智慧有益无害，聪明益害参半，把握得不好的小聪明则贻害无穷。

拥有太多小聪明的人，往往都用于追逐眼皮底下的急功近利，看不到长远的根本利益。相反地，具有大智慧者很少会在众人面前炫耀自己的聪明才智，他们更不会自作聪明地干一些实际上愚蠢至极的事情。真正的聪明者不需要通过投机取巧来加以表现，自作聪明者常常反被自以为是的小聪明所累。

一位哲人说过："投机取巧会导致盲目行事，脚踏实地则更容易成就未来。"

我们的成功需要智慧，更需要脚踏实地地付出。人要站得牢才会走得稳，投机取巧走捷径或许在一时能得到好处，但是因为没有厚实的基础，脚步太过于轻快，导致的结果只会是在长途跋涉中落后于别人。

作为一个渴望获得成功的人来说，我们的眼光永远看向前方，但是前进的道路却在我们脚下，只有实实在在地走好每一步，才能走得更远。

世界上绝顶聪明的人很少，绝对愚笨的人也不多，一般人都具有普通的能力与智商。但是，为什么许多人都无法取得成功呢？

一个最重要的原因在于他们习惯于投机取巧，用小聪明来替代所必须要付出的心血，不愿意付出与成功相应的努力。人们都懂得"宝剑锋从磨砺出，梅花香自苦寒来"的道理。可是一旦摊上自己做事，马上就又回复到"投机取巧"的"捷径"上来了。

投机取巧会使人堕落，让人不断拖延，最终一事无成。只有勤奋踏实地工作才是最高尚的，才能给人带来真正的幸福和乐趣。成功者的秘诀就在于他们能够摒弃"投机取巧"的坏习惯，无视那些小聪明，用自己的努力开创属于自己的辉煌人生。

高效率宝典：时间管理技巧

▶ 路都是自己走出来的

  无论是一穷二白、毫无家世背景的穷小子，还是有着企业家的父母亲的幸运儿，如果想成为真正的成功者，只有通过自己的打拼，才能干出自己的天下。没有谁能给你铺好一条通往成功的路——成功的路，是要靠自己干出来的！

  美国"假日旅店大王"凯蒙斯·威尔逊，在世界上拥有"假日旅店"（包括饭店）达3000多家，他的个人财富在180亿美元以上，早已经踏入了巨富的行列。他始终坚持自己的信念，开拓了一条崭新的路，并最终让世人都看到这条道路就是通向成功的大路。

  年轻时的威尔逊并不是很顺利的，他曾经从事过好几种职业，但都不能在行业中崭露头角，这对一个有着远大理想的人来说，确实是一种折磨。

  1952年的一天，他到一家旅馆投宿，看到旅馆的环境很脏，服务也很差，这使他很不高兴。失望之余，他忽然兴起了一个念头：我何必着眼于别人的过错而不满呢？我应该看看别的方面，比如我如果开一家旅馆，好好经营，不就可以把这些差的旅馆的生意抢过来了吗？

  威尔逊认为这是个不错主意，但是开一家好旅馆是很普通的，未必有那么大的竞争力，要是能有更新鲜的方式，就会大不一样了。威尔逊

第四章 确立目标，马上行动

这时思考的不是要不要开一家旅馆，而是要怎样开一家有自己特色的旅馆了。

当时，美国的汽车工业发展得十分迅猛，威尔逊一向关注于此，他已经预感到"汽车化社会"很快就要到来了。他的心中产生一个新奇的想法：可以创办一种新型旅馆——"汽车旅馆"专门为汽车司机服务。

可是，这样的旅馆在世界上还没有出现过，因此没有什么经验可以借鉴，不知道能不能成功。不过，威尔逊认为这样的大方向应该是没有错的，前景是很好的，应该去尝试。至于具体的新型旅馆的经营，就要靠自己慢慢地摸索，逐步地改善了。

于是，这年冬天，威尔逊便在田纳西州的孟菲斯开办了第一家"汽车旅馆"。这家旅馆的优势是房租低廉、整洁卫生、服务一流。它提供廉价、味美、量多的食品，使顾客能以普通的价钱吃到一般美国人所吃的三餐。

因为是"汽车旅馆"所以为驾驶者和汽车的服务就成为旅馆的特色。旅馆专门建有停车场，驾驶汽车的人们来到这家"汽车旅馆"住宿，感到处处透着舒适和方便。因此，这家旅馆的口碑越来越好，生意也越来越兴隆。

威尔逊看到了成功的影子，进而雄心大发，没用几年的时间，就陆续在美国各地开设了数百家这样的汽车旅馆，形成了庞大的连锁企业。

20世纪50年代后期，旅游业兴起，世界各地每年有数以百万的游客涌来美国。威尔逊又决定创办"假日旅店"，特色定位于专门为国外旅客服务。他四处寻找兴建这种旅店的地皮，或采用专利权方式组织连锁旅社，大力扩展业务。

"假日旅社"仍然是以清洁、方便、价廉为经营宗旨，旅社内专门设有"犬屋"，给喜欢带着爱犬外出旅游的人提供服务。饮食限于适合大众化的品种，讲求廉价美味且量多；酒也不卖进口的高级品，只卖大众化的"假日旅店牌"威士忌，总之，一切都为游客着想，使大众的利益与企业的利益一致化，也正是它的一个经营特色。

到1976年，威尔逊在美国各地经营的"假日旅社"就有1543家之多。

威尔逊的理想实现了，他成功了，富有了，并且走的是自己闯出的道路。对每个闯在社会的人来说，这确实是个很好的启迪。

会干的人，往往都存在一个显著特征：遇事头脑清醒，对待问题思维灵活、机动，有着自己独到的见解，和独立解决问题的能力。他们不愿意跟在别人的后面，去重复别人的工作和方法，而是自己思考出多种方案。也就是说他们习惯于充分培养、发挥自己的创造性的思维，去走自己的路。

▶ 保持行动，你总会赢

一个执行力强的人总是不断地尝试，不断地改进，不断地行动。人性中最可贵的一点是人有选择的自由，成功者为求得自我的充分发展，不惜一切代价获得自由，以成就生命的伟大。

相传，虞舜时代有位董公，有养龙的本领。舜帝为奖励他养龙的功绩,赐他为豢龙氏。豢龙氏得到两条龙,于是把龙饲养起来。

这两条龙住进了为它们准备的房子和池塘里,于是觉得百川四海不值得游;吃着主人给准备的美食,觉得海中的鲸鱼也不够肥美了。那龙吃得好,住得舒服,在池子里慢悠悠地游动,挺安逸的样子。龙接受着主人的安抚,舍不得离开。

一天,有条野龙在驯龙的池边飞腾而过,那两条驯龙向野龙打招呼,说:"你干什么去?天地之间无边无际,天冷了,就得蛰伏起来;天热了,就得向高处飞,能不辛苦吗?何不跟我们住在一起,有多安逸!"

野龙抬起脑袋笑道:"你们这地方多拘谨呀!老天赋予我们这样的形体,头上长着角身上披着鳞;老天赋予我们这样的德行,在泉中潜伏,在天上飞翔;老天赋予我们这样的灵性,呼气为云而驾驭风;老天赋予我们这样的职责,抑制烈日而施雨露给枯槁的草木。我们在无边无际的宇宙之外观览,在辽阔的原野上歇息。

"穷尽天地的边际,历经万物的变化,真是快乐极了!现今你们苟且地生存在像牛马蹄子踩出来的那点小水坑里,碰到的不过是泥沙。只有水蛭蚯蚓这类东西做伴,受制于豢龙人的嗜好而得到一点残汤剩饭,你们的形体虽和我一样,但乐趣却根本不同。

"受别人玩弄和人家的好处,被人扼住喉咙宰割成几大块,那是极容易的。我正要为你们感到悲哀而要拉你们一把,你们为什么反要诱惑我进那个陷阱呢?你们被杀掉的命运,看来不可避免了。"

野龙继续向前飞,不久,那两条驯龙果然成了夏后氏的肉酱。

千千万万的人,生活在一种束缚的、阻碍的环境中,生活在一种足以挫折人热忱、消磨人志气、分散人精力、浪费人时间的空气中，他们没有勇气去斩除束缚他们的锁链，去追求自由自在的生活，最终，他们的志向，会因没有活动及失望之故而归于毁灭。

太多人因恐惧失败而不敢轻举妄动。这种恐惧心理局限于我们的眼界，低估了我们的能力。

有人曾做过这样一个实验：

把几只蜜蜂放在瓶口敞开的瓶子里，侧放瓶子，瓶底向光，蜜蜂会一次又一次地飞向瓶底，企图飞近光源。它们决不会反其道而行，试试另一个方向。因于瓶中对它们来说是一种全新的情况，是它们的生理结构始料未及的情况。因此，它们无法适应改变之后的环境。

这位科学家又做了一次，这次瓶子里不放蜜蜂，改放几只苍蝇。瓶身侧放，瓶底向光。不到几分钟，所有的苍蝇都飞出去了。它们多方尝试，向上、向下、面光、背光。它们常会一头撞上玻璃，但最后总会振翅向瓶颈，飞出瓶口。

然后，科学家解释这个现象说："横冲直撞要比坐以待毙高明得多。"

铲除一切足以阻碍、束缚我们的东西，走进自由而和谐的环境中，这是事业成功的重要准备。我们大部分人的毛病，就是在心中有志于成功，然而却不肯努力去求得成功。我们太信任"命运"了。

许多曾在世界上成就过大事业的人，他们伟大的力量，广阔的心胸，丰富的经验，究竟是从哪里得来的？他们会告诉你，那是奋斗的结果，是在挣脱不自由、不良的环境，斩除束缚他们的桎梏，求得教育，脱离贫困，执行计划，实现理想的种种努力中获得的。

CHAPTER 05

第五章

工作"不摸鱼",时间不浪费

在职场上,有拖延症的员工比比皆是,归根结底,还是因为他们对工作缺乏必要的责任感,在接到工作任务或是工作上遇到问题后,无法立即执行岗位责任。他们总是习惯将任务和问题一推再推,今天推明天,明天推后天,直到不能再推,才勉强逼迫自己去做,最后的结果可想而知。

▶ 敬业是做事的基础

有人曾问一位成功学家:"大学教育对年轻人的未来是否是必要的?"

这位成功学家的回答很值得我们思考:

"就商业来说,这不是最关键的。在商业中,最重要的素质是敬业精神。"

敬业精神的最直接表现是:干一行,爱一行,在工作中一心一意。只有这样,才能在工作中脱颖而出。

也许,目前你依旧处于困苦的环境之中,然而不要埋怨,不要怨天尤人,只要你努力工作,很快就能摆脱窘境,并在物质上得到满足。通往成功的唯一途径是艰苦的奋斗,这是被古今中外的无数成功者所证明了的。

有位成功人士说过:"如果你具备了真正做好一枚别针的能力,那么,这要比你拥有生产粗糙的蒸汽机的能力强得多。"

许多人不明白,为什么自己取得的成就竟然不如那些能力远不及自己的人？你如果对这个问题很困惑的话，不妨试着回答以下问题，或许答案就在里面：

你的前进方向有没有错误？

你是否非常了解工作中的每一个细节？

你有没有认真读过相关的书籍或资料，以提升你的工作效率，创造令你满意的财富？

如果你不能肯定地回答上面的问题，那说明阻碍你通向成功的关键就在这里。反之，不管做什么事情，如果你能一贯地遵循以上几点，那你一定可以在事业上取得成功。不过，如果你选择的道路不正确，就要当机立断，迅速改变，以免白费力气，做无用功。

曾有人向一位成功人士请教："你为什么能完成这么多的工作？"这位成功人士是这样回答的："因为我奉行这样的原则，在某个时间段只集中精力做一件事，但要尽最大的努力把它做好。"

对本职工作不了解，业务不熟练，在失败后却反而责怪他人，抱怨社会，这是不应该的。你应该做的是，尽最大的努力精通业务，这实际上并不难，只要你持之以恒地积累经验，就能做到。

那些对工作粗枝大叶、敷衍了事的人，他们一定缺乏把事情做好的恒心和毅力，这种人不懂得训练自己的个性，因此很可能永远都不能达到自己的目标。他们总是试图同时获得工作和享乐，却不明白，鱼和熊掌往往是不能同时得到的，结果很可能是竹篮打水一场空，或者是捡了芝麻，丢了西瓜。

实际上，严谨的做事风格和练达的处事智慧的获得并不难，只要你工作时一丝不苟、心无旁骛就可以。它可以使你从普通走向优秀，从优秀走向卓越。

只要你能时刻将敬业视作一种美德，时刻在工作中尽心尽力，你就能在工作中忘记辛劳，得到欢愉。长期坚持下去，就能找到通向成功的道路。

❯ 破除职场迷茫

在职场当中，人难免会出现各种迷茫，而迷茫的情绪一旦出现，就会影响到整个人的工作状态，自然也就无法让人把工作做到最好了。这些处于职场迷茫期的人，是很难把工作做得更好的，他们往往会在"抱怨""忍耐"和"寻求岗位价值最大化"这三条对策中任选一条。

所谓抱怨就是一味地埋怨自己所处的困境，不思进取，不停地在向自己和别人灌输负能量；而忍耐则是不论当下的情况如何糟糕，都选择去忍受这种状况，无动于衷；而寻求岗位价值的最大化则是一种力求把当下工作做得更好，实现更多价值的一种对策。

其实，不同的对策就跟田忌赛马一样，可以分为上、中、下三等。下策自然是"抱怨"，比"抱怨"稍微好一点的就是中策"忍耐"，而"寻求岗位价值最大化"与前面两条对策相比，必然是解决职场迷茫期的"上策"。

在竞争日益激烈的职场，大部分人对于工作中出现的迷茫都显得手足无措，压根就搞不清楚问题的症结所在。因此，人们通常都会陷入一种充满抱怨的负面情绪之中，整天唉声叹气，抱怨公司待遇不好，抱怨老板不讲人情，抱怨同事钩心斗角，抱怨客户难搞……抱怨这个，抱怨那个，唯独不愿意抱怨自己，不愿追本溯源从自己身上寻找问题的根源。

这种酷爱抱怨的人，他们的责任感一般都比较差，奋斗拼搏的精神也不怎么强，工作也就不会出色。公司为他们提供了工作岗位，他们却没有好好地珍惜，去充分挖掘这个岗位背后潜藏的巨大价值。面对工作，他们时常抱着"差不多就行了"的敷衍态度，长此以往，加薪升职自是与他们无缘。

如果说频繁的抱怨听起来让人觉得心烦，那么压抑心底的忍耐就平添了几分可怜的色彩。毕竟，默默无闻的忍耐只会给自己带来伤害，并不会过多地累及旁人。

面对工作中的迷茫，一个选择忍耐的人，其精神总是处于紧张和焦虑的状态，他们和喜欢抱怨的人一样，都没有弄明白问题究竟是出在哪里。对于现有岗位提供的机会，他们的认识程度和挖掘深度虽然都比抱怨者高出许多，但还是远远不够。

千万不要认为忍耐一时能换得风平浪静一生，积年累月的忍耐不仅会让人在事业上平庸无为，还会于悄无声息之中拧断一个人的精神之弦。

因此，我们若想成功地度过职场迷茫期，就必须毫不犹豫地选择上策——寻求岗位价值最大化。只有这样，我们才能在跳槽高就无门、自主创业无路的情况下，拼尽全力将手头上的工作做好，充分挖掘当下岗位潜藏的宝贵机会，建立工作带给我们的成就感。

当我们把本职工作做到极致的时候，一定会发现自己成长得比谁都快，迷茫再也不会盘踞在我们的心头，取而代之的将会是对未来职业方向的自信和自知。

小费已经快30岁了，今年是她在公司工作的第七个年头，和其他的职场"老人"一样，她也正面临着工作"七年之痒"，面对着一些迷茫。

可幸运的是，她并没有随波逐流，傻乎乎地选择抱怨和忍耐，而是采取积极的行动，像运动员冲刺金牌一样，愈加认真地对待手头上的工作。当其他同事趁老板不注意，偷偷地听歌、看电影以及闲聊时，她却争分夺秒地埋首于案前，从自己花尽心思的工作中不断地寻找茁壮成长的快乐。

人的潜力果然无限，小费秉持着"做一行，精一行"的工作态度，其业绩竟然在不知不觉中突飞猛进，最后遥遥领先于部门的其他同事。就这样，她从一个名不见经传的小职员，摇身一变，一下子成了公司的"大明星"，不仅同事对她爆发出来的惊人能量啧啧称赞，就连公司老板也对她这匹黑马竖起了大拇指。

前不久，公司老板就示意人事部门找小费谈话，谈话内容自然是升职的大喜事儿。现在想想，一个人要是能升职，最关键的一点应该还是他已经把手头上的工作做到了极致，成功实现了岗位价值的最大化。若非如此，小费也不可能顺利度过工作的迷茫期，公司老板更不可能提拔他。

比尔·盖茨曾说："每一天，都要尽心尽力地工作，每一件小事情，都力争高效地完成，不是为了看到老板的笑脸，而是为了自身的不断进步。"

由此可见，只有倾尽全力做好本职工作，不为自己留下一丝疑惑的空间，寻求岗位价值的最大化，我们才能不断完善自身，把工作做得更好。也唯有如此，我们才能拨开职场的重重迷雾，再睹光明。

▶ 做喜欢的工作更容易成功

人的一生离不开工作，但并不是每一个人都热爱自己的工作。

有的人工作只是为了糊口，没有特别喜欢，也没有特别讨厌。这样的人或许会兢兢业业地做好自己的本职工作，但是很难取得大的成就。

而另外一些人努力从事自己喜欢的工作，在工作中，他们收获的不仅是薪水，还有巨大的幸福感和成就感，他们愿意为了自己热爱的工作去努力奋斗，因此他们更容易取得事业上的成功。

博格斯就是这样一个为了自己热爱的事业而全力拼搏的人。

篮球运动是现在体育赛事的一个重要组成部分。在我们的印象中，篮球运动员都是魁梧挺拔、身高臂长的"巨人"，例如姚明和奥尼尔。而在NBA赛场上，就曾经出现过一批个子矮小的运动员，这其中就包括博格斯。

博格斯身高只有1米6，在东方人的眼里也算"矮子"，但这个"矮子"却不简单，他是NBA表现最杰出、失误最少的后卫之一，不仅控球技术一流，远投精准，甚至在对方高个队员中带球上篮也毫无所惧。

每次看到博格斯像一只小黄蜂一样，满场飞奔，心里总忍不住赞叹。他不只是安慰了天下身材矮小而酷爱篮球者的心灵，也鼓舞了平凡人内在的意志。

那么，博格斯是如何在职业篮球的赛场上为自己谋得一席之地的呢？

他当然不是天生的好手，博格斯从小就长得特别矮小，但他非常热爱篮球，几乎天天都和同伴在篮球场上玩耍。当时他就梦想有一天可以去打NBA，这是所有酷爱篮球的美国年轻人心中最向往的梦。

博格斯经常这样告诉他的同伴："我长大后要去打NBA。"所有听到他的话的人都忍不住哈哈大笑，因为他们认定一个1米6的"矮子"是绝不可能打NBA的。

他们的嘲笑并没有阻断博格斯的信心和志向，他用尽自己的一切时间去练习，一分一秒都不肯放过。别人嬉戏游玩的时候，他在练球；别人睡懒觉的时候，他在练球；别人约会开party的时候，他依然在练球。

就这样，经过日复一日的努力，他终于成了全能的篮球运动员，也是最佳的控球后卫。

他还充分发挥了自己身材矮小的优势，行动灵活迅速，往往让对手防不胜防；运球的重心偏低，很少会出现失误；个子小不引人注意，投球常常得手。

因为热爱篮球事业，所以他比别人更加努力、更加拼命，只为一个目标——进入NBA。也正是因为他对事业有了这种强烈的热爱，所以他拼命地把训练做好，把每一场比赛打好，也最终收获了成功。

对工作的热爱能让一个人投入更多的热情，这样他也就能够把工作做到最好。因为心中的爱与激情会时刻指引你去努力工作，自然也就能够获得最后的成功。

所以，任何时候，我们都要爱自己的工作，也唯有如此，我们才能够珍惜每一分每一秒的时间去努力奋斗，取得人生的突破。

❯ 对工作要充满热情

在工作当中，有这样两种人存在：第一种人，他们对工作非常投入，倾注了极大的热情，仿佛工作本身对他们就有一种天然的吸引力；第二种人，他们几乎很少有精神振奋的时候，面对工作总是一副无精打采的样子。

试问，这两种人谁能把工作做得更好呢？

答案是不言而喻的，当然是那种对工作保持热情的人。原因也很简单，因为当一个人对工作保持了最大的热情，那么他也就会以最佳的状态去做事，自然他们也就能够把工作做到最好。

在众多成功人士的身上，我们都可以看到他们对生活、对事业都充满了热情。可以说，热情是促使他们成功的动力，而如果没有了热情，那他们的事业也就成了镜中花，水中月。

可见，热情在某种意义上说，是一个人做好工作的重要内容，是一种做好工作的力量。每一个成功的人背后，都有热情的存在，每一位成功人士都拥有对事业的无限热情，而正是热情，推动了他们走向成功的步伐。

在美国标准石油公司曾经有一位推销员叫阿基勃特。他对工作充满了热情，作为一名推销石油的业务员，他无时无刻不再推销着自己的产品，即使他在出差住旅馆的时候，也总是在自己签名的下方，写上"每桶4美元的标准石油"字样；在书信及收据上也不例外，签了名，就一定写上"每桶4美元的标准石油"。由此，他被同事们戏称"每桶4美元"，而他的真名却很少有人叫了。

当公司董事长洛克菲勒听说了这个人后说："竟有职员如此努力宣扬公司的声誉，我要见见他。"于是邀请阿基勃特共进晚餐。当洛克菲勒卸任的时候，阿基勃特成了第二任董事长。

在签名的时候署上"每桶4美元的标准石油"这算不算小事？严格来说，这件小事根本不在阿基勃特的工作范围之内。但阿基勃特做了，并坚持把这件小事做到了极致。那些嘲笑他的人中，肯定有很多人的才华、能力在他之上，可是却没有几个人把爱业、敬业、勤业的热情化作一种有影响力的企业文化精神。

当一个人将自己的全部热情专注于工作的时候，即使是最乏味的工作，他也一样能够做得饶有兴致。当一个人把自己的全部热情都用在工作上的时候，热情就转化成为他工作的动力，工作起来自然游刃有余，成功也在向他靠近。

一位著名的金融家有句名言："一家企业要想赢得巨大的成功，唯一的可能就是，他雇了一个做梦都想把企业经营好的人做总裁。"所以说，当一个人投入全部的热情在工作上，他就等于在不断接近成功。

罗宾·霍顿是华盛顿哥伦比亚特区紧急安全保卫机构的创始人，他可以说是一个对工作饱含热情的楷模。尽管对别人来说，霍顿的收入颇丰，但是，霍顿却认为，她喜欢的是她所从事的工作，这一点远比金钱更为重要。她所创办的这家企业主要是为工商界、联邦政府和居住区的客户设计和安装保安系统。

霍顿对工作有着极大的热情。她喜欢因自己能确保客户的安全而获得的满足感。"我知道我在保护人们。"她说到，"我在拯救人们的生命，我使他们能够在自己的企业或者家里不用担心会有什么危险，他们可以高枕无忧。"在她的心中，始终想的是如何给别人提供安全保障。这种对工作的热情，也成了她获得成功重要的因素。

巴甫洛夫曾说过："要有热情，你们要记住，科学需要一个人贡献出毕生的精力。希望你们热情地工作，热情地探索。"

文学家托尔斯泰也说过说："一个人若是没有热情，他将一事无成，而热情的基础正是责任心。"

在当今这个充满了挑战和机遇的时代，只有倾注更多的热情，我们才能抓住机遇，从而干出一番轰轰烈烈的事业。

比尔·盖茨有句名言："每天早上醒来，一想到所从事的工作和所开发的技术将会给人类生活带来的巨大影响和变化，我就会感到无比兴奋和激动。"比尔·盖茨的这句话表明了他对工作的热爱和激情。微软公司在聘用时宁愿任用失败的人，也不愿任用对工作没有激情的人。

微软在对应聘人员面试时有一个名为"挑战"的测试。被测的人会拿到一个没有标准答案的试题，例如：在没有秤的情况下，如何测出一架喷气式飞机的重量？答案当然不是唯一的。

在整个面试过程中，考官会对被测试者的答案进行不断的反问，如果被测试者能够运用自己的逻辑思维为自己的答案进行辩护，并连续挫败两次"挑战"时，才算是顺利通过。而如果被测试者不断地改变自己的答案，那么他的得分将是零。

这个测试是为了验证其是否对工作有无限的激情，如果一个没有激情的人对自己的答案不断地放弃不断地改变，那这样的人绝对不会被录取。而一个对工作充满激情的人将始终坚持自己的立场观点，只有这样的人才能被录用。

在比尔·盖茨看来，一个优秀的员工，最重要的素质不是能力、责任或其他（尽管它们也不可缺少），而是对工作要充满无限的热情。

热情可以让我们在工作中发挥出蕴藏着的极大力量，而这力量足以让我们看到成功的奇迹。对职场人士来说，热情是成就事业的基石，是成功的动力源泉。有了热情，我们才能更专注于工作；有了热情，我们才能在职场获得更大的进步；有了热情，我们才会学到职业范围内更多的专业知识，这对我们的职场生涯来说，无疑是一笔巨大的财富。

我们只有倾注对工作的热情，才能让自己的事业取得更大的成功！

▶ 热爱让人不知疲倦

在学生时代,老师总会告诉我们,兴趣是最好的老师。只要我们对某一门学科感兴趣,就能够把它学好。因为我们在做事的时候感觉到了乐趣,所以自然就不会有疲倦感,就会有动力把事情做好。

比如在一个假日里你到湖边去钓鱼,整整在湖边坐了10个小时,可你一点都不觉得累,为什么?因为钓鱼是你的兴趣所在,从钓鱼中你享受到了。产生疲倦的主要原因,是对生活厌倦,是对某项工作特别厌烦。这种上的疲倦感往往比肉体上的体力消耗更让人难以支撑。

一位心理学家来到一处建筑工地作实地调查。此时,刚好工地上有三个忙着敲石头的建筑工人,于是,他分别问了这三个人一个相同的问题:"请问,您现在在做什么事儿?"

听了心理学家的问题,第一个工人的脸顿时拉得老长,他语带怒气地回道:"我在做什么?你难道没长眼睛吗?我正在用这把死沉的铁锤,敲碎这些可恨的石头啊!这些石头真是又臭又硬,我的手都快敲残废了,老天爷实在是太该死了!"

说罢,他使劲地甩了甩手,用力丢掉铁锤,还朝石头狠狠地踢了一脚。看他愤愤不满的神情,似乎恨不得甩掉自己悲惨的命运。

第二个工人则有气无力地哀叹道:"我在修房子,这份工作可不是一般人能吃得消的，累死人不偿命啊！要不是为了养家糊口，谁愿意日晒雨淋没日没夜地敲石头啊？"他擦了擦额头上的汗水，满是无奈地摇了摇头，耷拉着脑袋坐了下来。

第三位工人却是一脸快乐的表情，他笑着说道："我正在修建这个世界上最宏伟的教堂，等它竣工之后，有很多信徒都会到这儿做礼拜。虽然敲石头是一件苦差事，但每次一想到未来将有好多人到这里接受上帝的关爱，我浑身就充满了积极向上的正能量。"说话的同时，他也没有停下手中的工作，而是继续一下一下地用力敲着石头。

猜猜这三位建筑工人日后会有什么样的人生际遇？许多年后，心理学家找到了他们，原本在同一家建筑工地敲石头的三个人，现在竟然过着有如天壤之别的生活。

当年的第一个建筑工人现如今还是一个拿着微薄薪水的建筑工人，每天重复地干着敲石砌墙的辛苦体力活。第二个建筑工人的情况比第一个建筑工人要稍微好点，他现在已经是一个包工头了，每天带领自己的施工团队穿梭于各大工地，虽然衣食无忧，但也感觉不到快乐。

至于第三个建筑工人，心理学家并没有花费太多的心思去寻找此人，因为他早就成为一个名气响当当的建筑公司老板，时不时地出现在各大报纸头版新闻。

三种工作态度造就三种人生际遇，与其说这是造化弄人，不如说是心态决定命运。

工作是我们实现自我价值的渠道，想要做好工作，我们当然需要先爱上自己的工作。故事中的第一个工人之所以感觉不到敲石头的工作的意义所在，完全是因为他没有在工作中找到任何乐趣。

当他把敲石头的工作当成是一件特别痛苦的事时，他的人生也就成了一出极其煎熬人心的悲剧，除了愁苦和烦闷，又还有什么值得振奋精神的东西呢？所以，他总是憎恨自己的工作，工作中自然拖拖拉拉，恨不得永远不要工作才好。

而第二位工人，虽然也认为工作十分辛苦，但是他明白工作对自己的意义，所以虽然偶尔会因为劳累而拖延工作，但总还会做好自己该做的事情，自然也就会有所收获。

至于第三位工人，他十分热爱自己的工作。因为这份热爱，让他忽略了眼下的辛苦，一分一秒都不拖延，努力追求工作的乐趣，在工作中实现自己的人生价值，因此才会有后来的成功。

有一些人或许也存在疑问，有些工作或许还有点意思，但很多时候，我们印象中的工作就是一种机械地重复，就是为了拿工资而不得不做的事情，哪儿来那么多乐趣呢？

其实，这种理解是完全忽略了人的主观能动性。我们都知道，人的兴趣是千差万别的。我们觉得感兴趣的事情在别人眼里可能非常枯燥，别人酷爱的事情在我们眼里可能也是乏味的。而造成这种区别的根本原因就在于"挖掘乐趣"。

同样一件事情，一个人主动去挖掘其中的乐趣，那么他就会感受到快乐，就能够将它做得更好。反之，工作就会成为一种负累，让人觉得心力交瘁，工作自然也就流于庸俗了。

只要我们愿意在工作中挖掘属于自己的快乐，那么即便我们在建筑工地上干着泥水匠的粗活儿，也能找寻到自己的快乐，也能够把工作做得更好。反之，我们若是视工作如孙悟空头上的金箍儿，认为工作不过就是为了图个马马虎虎的生存，那么我们也就无法把工作做好。

孔子曾说："知之者不如好知者，好之者不如乐之者。"兴趣是一个人最好的老师，出于这个强有力的动机，我们又何愁干不出一番骄人的事业，何愁不能拥有幸福快乐的生活。

其实，在工作中寻找乐趣并不是无路可寻，只要我们有心，执着地往前多行进一步，快乐往往近在咫尺。

在工作中寻找乐趣的第一步，应该是怀抱一颗乐观感恩的心，全力塑造一个积极向上的工作观。

《宁静之祷》中有这么一句话，"请赐我宁静，去接受我不能改变的一切；赐我勇气，去改变我所能改变的一切。"世界上无法改变的事情多得数不胜数，唯有我们的心态可以任由自己做主。相信每一个人在做自己喜欢做的事情时，很少会感到疲惫乏味，因此，我们一定要带着感恩之心去热爱自己的工作，只有这样，才能发现工作中的乐趣。

除此之外，积极的工作态度也必不可少，把工作当成巨大包袱的人，不仅不会从工作中找到乐趣，反而会沦为工作的奴隶。工作的时候就应该学习希尔顿，即便是洗一世的马桶，也要立誓当一个洗马桶行业最为出色的人。

最后，不要惧怕工作会枯燥无味，不管是哪一种工作，我们都可以从中挖掘出它的兴趣点所在。比如，有的职业需要和许多人打交道，人际交往其实也是充满乐趣的，与人交谈的时候，我们可以细心聆听对方丰富的人生经历，一方面增长了自己的见识，另一方面又为自己拓展了人脉资源，可谓是一举两得。

职场成功向来青睐乐于工作之人，它就像一面一尘不染的镜子，我们笑着对它，它也会投桃报李，回赠我们一张嘴角漾起笑花的脸蛋。那么还等什么呢？如果你现在正闷闷不乐地干着自己的第一份工作，那么请立马转变心态，马不停蹄地在工作中寻找属于你的乐趣吧！

▶ 把工作当成事业

　　无论我们拥有一份什么样的工作，我们都应该认真地思考一个问题："我们究竟是为什么而工作？"大部分人认为工作是为了薪水，还有些人认为工作是为了消磨时间，只有很少一部分人能在工作中获得快乐、成长和幸福。

　　不可否认，工作确实能够为我们换取生存资源，为我们打发掉无聊的日子，但它最重要的作用并不在这两者，而是我们能通过它体现自己的真正价值。如果一个人饱食终日却无所事事，他是不会感到快乐和幸福的，相反地，他的生命将被无聊、枯燥所充斥，他的人生将如一池死水泛不起一丝波澜。

　　很遗憾，在现实生活中，不少人都认为薪水是自己身价的标志，所以绝对不能低于别人。尤其是一些初入职场的年轻人，当实际拿到手的薪水与他们想象中的大相径庭时，他们就会非常消极被动地对待工作，也没有把工作做得更好的决心，具体的表现如下：

　　一是敷衍工作。他们认为企业支付给自己的工资太少，所以有理由随便应付工作以示报复。这种消极的心态直接导致他们工作时缺乏激情，能逃避就逃避，能偷懒就偷懒。不难发现，这种人工作仅仅是为了薪水，他们从来不觉得这和自己的前途有着什么必然的联系。

二是到处兼职。为了补偿心理的不满足，他们身兼数职，可由于不停地转换角色，致使自己长期处于疲劳状态，结果什么工作都做不好，自然钱也没赚到。

三是时刻准备跳槽。由于薪水不如自己的预期，很多人就将现在的工作当成跳板，时刻准备着跳槽，希望有朝一日能觅得高枝，但最终却因对工作的三心二意，在职场中到处碰壁，什么也没捞着。

总之，一个人如果只是为了薪水而工作，把工作当成解决生计的一种手段，自己却缺乏更高远的目标，那最终他会把工作做得很糟糕，让自己成为庸庸碌碌大军中的一员。

其实，不同的职业观，往往会带来不同的工作状态，从而造就有着天壤之别的人生际遇。我们如果抱着为薪水而工作的态度，势必不能把工作做得更好。只有抱定为自己工作的态度，才能够让自己在工作中发挥最大的主动性、创造出最大的价值来。

齐瓦勃是美国第三大钢铁公司伯利恒钢铁公司的创始人，他在乡村长大，小时候家境贫寒。可就是这样一个一贫如洗且只受过短暂的学校教育的小男孩，却有着雄心勃勃异于常人的事业心，无时无刻不在寻找着发展的机遇。

后来，齐瓦勃来到钢铁大王卡内基所拥有的一个建筑工地打工。在踏入建筑工地的那一瞬间，他就暗暗地告诉自己一定要成为同事中最为优秀的那个人。

因此，当工地上的同事们纷纷抱怨工作辛苦、薪水低廉而消极怠工的时候，他却表现出了积极向上、不同寻常的工作态度，始终认认真真地工作，默默地积攒着工作经验，同时还自觉地学习建筑知识，为以后的发展打下坚实的基础。

有一天晚上，同事们都围坐在一块说笑聊天，齐瓦勃却一个人躲在角落里啃书本。没想到，这天刚好公司经理来工地上检查工作，他在无意中看见了在墙角看书的齐瓦勃。于是，经理好奇地走了过去，翻看了一下齐瓦勃手中的书和笔记本，最后一言不发地离开了。

第二天早上，公司经理问齐瓦勃："你学建筑知识做什么呢？"

"我想我们公司并不缺少打工者，缺少的是既有工作经验，又有专业知识的技术人员或管理者，对吗？"齐瓦勃慢条斯理地回道。

经理笑着颔首，对齐瓦勃的回答表示肯定和赞赏。不久，齐瓦勃就被升职为技师。

很多同事曾嘲讽齐瓦勃的不自量力，他却自信满满地说道："我不光是在为老板打工，更不单纯为了赚钱，我是在为自己的梦想打工，为自己的远大前途打工。我们只能在业绩中提升自己。我要使自己工作所产生的价值，远远超过所得的薪水，只有这样我才能得到重用，才能获得发展的机遇！"

好一个"我是在为自己的梦想打工"！事实最后也证明，齐瓦勃这种积极正面的工作心态是正确的。正所谓，苍天不负苦心人。他通过自己的努力，凭借着自己积极向上的工作态度，终于建立了一家属于自己的伯利恒钢铁公司，从一个普通的打工者，华丽转身，成了一代钢铁大王。

这就是"为老板工作"和"为自己工作"两种不同的职业观带来的人生际遇的差别所在。

为什么齐瓦勃"为自己工作"的职业观能给他带来事业上的辉煌成绩，而我们却在"为老板工作"的消极心态中做一天和尚撞一天钟，始终无所收益呢？

答案其实很简单。"为自己工作"的心态能让我们在职场上始终保持着一种积极向上、斗志无限、活力四射、充满激情的拼搏精神，我们会把公司看成自己的公司，对于任何与公司兴衰存亡有关的事情，都会全力以赴，百分百地去付出，自然，这种心态就能够帮助我们把工作做好。

英特尔公司前董事长安德鲁·格罗夫曾发自肺腑地说道："无论在什么地方工作，我们都不应把自己只当作公司的一名员工，而应该把自己当成公司的老板，把工作当成自己的事业。"由此可见，一个人如果想在所属的公司取得良好的成绩，在该行业获得长远的发展，并不在于其学历如何，职位如何，关键是以什么样的心态去对待工作。

杰克在一家快速消费品公司已经工作了两年，一直处于不温不火的状态，待遇不高，但能学到不少东西，还算是比较锻炼人。但在最近和一些老朋友的交流过程中，他发现大家都发展得不错，各方面都要比自己好，这让他开始对现状不满，每天都绞尽脑汁，想着怎么跟老板提加薪或者找准机会跳槽。

终于，他找了一次单独和老板喝咖啡的机会，开门见山地向老板提出了加薪的要求。老板笑了笑，并没有理会。经过这件事，他对工作再也打不起精神来，于是变着法儿消极怠工。一个月后，老板把他的工作移交给了其他员工，大概是准备"清理门户"了。见状，他赶紧知趣地递交了辞呈。

可令他始料未及的是，在接下来的几个月里，他并没有找到更好的工作，所有应聘过的公司给他开出的待遇甚至比原来的还差。

在职场上，像杰克这样本想加薪，最后却赔了夫人又折兵的员工比比皆是。说到底，还是因为他们在工作中无法做到以老板的心态去工作，明明自己的付出十分有限，却奢望得到远远超出付出不知多少倍的回报。

总之，面对工作，只有像老板一样去思考，像老板一样去行动，我们才能将自己的工作做到完美，最终成为老板心目中值得信赖和重用的优秀员工。

有一位成功人士曾如是说道："如果你时时想着公司的事，总把工作放在心上，那么老板就会时时想着你的前途，把你放在心上；如果你很少想着公司的事，时常把工作抛在脑后，那么老板就会很少思考你的未来，也会把你抛在脑后。"可以看到，老板都希望员工能成为他本人的替身，去帮他完成自己力所不能及的工作。

既然如此，我们就要努力破除打工者心态，把工作当成自己的事业，就像主人翁那样，总是将工作放在心上，想方设法去追求卓越，力求完美。只有这样，我们才能在事业上收获非凡的成就，从而给自己的人生添上浓墨重彩的一笔。

▶ 养成良好的工作习惯

养成良好的工作习惯，有助于改掉在工作中拖延的恶习。

卡耐基对于怎样养成良好的工作习惯曾提出了一些建议，让我们晕头转向的并不是工作的繁重，而是我们没有搞清楚自己有多少工作，该先做什么。

有些人的办公桌上，堆满了可能几个星期都不会看一眼的文件。一家生活时报的发行人说，有一次他的秘书帮他清理了一张桌子，结果发现了一部两年来一直找不着的打字机。

光是看见桌上堆满了还没有回的信、报告和备忘录等，就足以让人产生混乱、紧张和忧虑的情绪。更坏的事情是，经常让你想到"有100万件事情待做，可是没有时间去做它们"，不但会使你心烦得感到紧张和疲倦，而且还可能使你患病。

卡耐基说："我最欣赏两种能力：第一，能思考；第二，能按事情的重要程度来做事。"卢克曼在12年之内，从一个默默无闻的人变成公司的董事长。他说这都归功于他具有卡耐基所说的那两种能力。卢克曼说："就我记忆所及，我每天早上都在5点钟起床，因为那时候我的思想要比其他时间更清楚。那时候我可以考虑周到，计划一天的工作，按事情的重要程度来决定做事的先后次序。"

白吉尔是美国最成功的保险推销员之一,他不会等到早上5点钟才计划他当天的工作,而是在头一天晚上就已经计划好了。他替自己订下一个目标,订下一个在那一天要卖掉多少保险的目标。要是他没有做到,差额就加到第二天,依此类推。

卡耐基说:一个人遇事,要拿得起,放得下。要有当机立断的做事习惯。

霍华说,当他在美国钢铁公司任董事的时候,开董事会总要花很长的时间,在会议里讨论很多很多的问题,达成的决议却很少。其结果是,董事会的每一位董事都得带着一大包的报表回家去看。

最后,霍华先生说服了董事会,每次开会只讨论一个议题,然后得出结论,不耽搁、不拖延。这样所得的决议也许需要更多的资料加以研究,也许有所作为,也许没有,可是无论如何,在讨论下一个问题之前,这个问题一定能够达成某种决议。

结果非常惊人,也非常有效。所有的陈年旧账都清理了,日历上干干净净的,董事也不必再带着一大堆报表回家,大家也不会再为没有解决的问题而心烦。

这是个很好的办法,适用于每一个人。

❯ 让工作带来乐趣

人的一生中，工作占去了绝大部分时间。如果从工作中只得到厌倦、紧张与失望，那么人的一生将多么痛苦！令自己厌倦的工作即使带来了名与利，这种光彩是何等的虚浮！所以，工作不能没有乐趣。

没有乐趣，只能变成工作的奴隶。让自己变成工作的主人，这样才能从工作中得到乐趣。无止境地日夜工作正如无止境地追逐玩乐一样不可取。

工作是为了给个人的生活赋予意义，给自己的生命赋予光彩，而不光是为了活着。

带给自己工作乐趣的不是最后达到终点，而应当是工作的历程。一个演员的快乐要来自演戏的过程，正如一个老师要在教学中得到快乐一样，也正如一个待产的母亲，她的快乐不只是来自婴儿的诞生，同样地要来自怀孕中的期待。

一举成名的人几乎都有一个共同的特征：他们有执着的工作目标，他们能把自己的工作当作一种乐趣，并能在工作中不断发现新的乐趣。

创设苹果电脑的杰伯、日本松下电器的创办人松下幸之助、丰田汽车的会长丰田英二、台塑企业的王永庆，在他们的生活中，工作就是乐趣。如果工作没有了乐趣可言，自然也就没有了坚持下去的动力，那还

第五章 工作不"摸鱼",时间不浪费

谈什么成功呢?

大多数人都是平凡的,但大多数平凡的人都想变成不平凡的人。这虽是一个积极进取的好现象,但是枯燥、紧张的工作使许多人产生了心理上的压力与情绪上的对抗,渐渐开始厌倦劳动、厌倦生活。

无论是否能变成一个不平凡的人,每一个人都应当从工作中得到乐趣。工作的乐趣如健康一样珍贵,但有时候比名与利更难得到。

工作的乐趣不是天生而来的,需要靠工作者的自信、毅力、谦虚、坚持……工作乐趣的观念完全系于一念之间。

现在一个人10年换6次工作都很常见。但1966年的华尔街完全不像现在这样。那时的人并不"跳来跳去",人们常常把自己的一生和某个公司联系在一起。

从布隆伯格被所罗门公司录用的那一刻起,他就认为自己是一个"所罗门人"了。许多大公司贪求与众不同的门第、风格、语音和常春藤联校的教育背景,而所罗门更看重业绩,鼓励实干,容忍异议,对博士生和中学辍学生一视同仁。布隆伯格感到很适应,他觉得那正是适合他的地方。

那时的职员都接受雇主的保护,这是因为,在那时的华尔街,重要的是组织而不是个人。

当时的布隆伯格认为:如果你能进入一个投资银行公司——对不是创始家族的继承人来说,可不是一件容易事,你会把它看成终生的职业。你会一直干下去,最终成为一名合伙人,然后在年纪很大时死在一次商务会议当中。

布隆伯格说:"我永远热爱我的工作并投入大量时间,这有助于我

的成功。我真的为那些不喜欢自己工作的人感到惋惜。他们在工作中挣扎，这么不快活，最终业绩很少，这样他们就更憎恶自己的职业。在这短短的一生中有太多令人愉快的事情去做，平日不喜欢早起就干不过来。"

布隆伯格每天早上到公司，除了老板比利·所罗门，比其他人都早。如果比利要借个火儿或是谈体育比赛，因为只有布隆伯格在交易室，所以比利就跟他聊得熟络起来。

布隆伯格26岁时成了高级合伙人的好朋友。除了高级主管约翰·古弗兰德，布隆伯格常是最晚下班的。如果约翰需要有人给大客户们打个工作电话，或是听他抱怨那些已经回家的人，也只有布隆伯格在他身边。布隆伯格可以不花钱搭约翰的车回家，他可是公司里面的"二号人物"。

布隆伯格认识到："使我自己无所不在并不是个苦差事，我喜欢这么做。当然了，跟那些掌权的人保持一种亲密的工作关系也不大可能有损我的事业。我从来不理解为什么其他人不这么做——使公司离不开他。"

他在研究生院第一年和第二年之间的那个夏天为马萨诸塞州剑桥镇哈佛广场的一个小房地产公司工作，他就是早来晚走的。学生们到城里来就是为了找一个9月份可以搬进去的地方。他们总是急三火四的，想尽快回去度假。

布隆伯格早晨6点30分去上班。到7点30分或8点的时候，许多来剑桥的可能租房的人已经给公司打电话，跟接电话的人订好看房时间了。他当然就是唯一一个来这么早接电话的人，那些给这个公司干活的成年专职员工们（他只是暑期打工仔）在9点30分才开始工作。于是，每天当一个接一个的人进办公室找布隆伯格先生时，他们坐在那里感到很奇怪。

伍迪·艾伦曾说过：80%的生活是仅仅在露面而已。布隆伯格非常赞赏这句话。他说："你永远不可能完全控制你身在何处。你不能选择开始事业时的优势，你当然更不能选择你的基因智力水平。但是你却能控制自己工作的勤奋程度，我相信某地有某人可以不努力工作就聪明地取得成功并维持下去，但我从未遇见过他。你工作得越多，你做得就越好，就是那么简单。我总是比其他人做得多。"

当然，布隆伯格并没有因为工作影响了自己的生活。他说："我不记得曾因工作太紧或我太专注工作而耽误了晚上或周末的娱乐。我跟所有女孩们的约会、滑雪、跑步和参加聚会比别人都多。我只是保证12个小时投入工作，12个小时去娱乐，每天如此。你努力得越多，你就拥有越多的生活。"

无论你的想法是什么，你必须为实现它干得比其他人更多。如果你把工作安排成一种乐趣，那它就是一件比较容易的事。奖赏几乎都是给那些比别人干得多的人的。你投入时间并不能保证你就会成功，但如果你不投入，结果就更可想而知了。

▶ 不钻空子，对岗位负责

对岗位负责的员工，在工作上遇到问题时，从来不会拖延，更不会得过且过，他们只会努力地寻求解决之道，防止事情进一步恶化；而对岗位不够负责的员工，其自身也缺乏足够的执行力，遇到问题总是习惯置之不理，逃避再三，结果问题就像滚雪球一样，越滚越大，最终发展到不可收拾的地步，让人追悔莫及。

不难发现，后者所犯的正是拖延症。所谓的拖延症，在心理学上的定义是这样的：自我调节失败，在能够预料后果有害的情况下，仍然把计划要做的事情往后推迟的一种行为。在职场上，有拖延症的员工比比皆是，归根结底，还是因为他们对工作缺乏必要的责任感，在接到工作任务或是工作上遇到问题后，无法立即执行岗位责任。

他们总是习惯将任务和问题一推再推，今天推明天，明天推后天，直到不能再推，才勉强逼迫自己去做，而最后的结果可想而知。

对于每一位渴望在事业上获得成功的人来说，拖延症无疑最具破坏性，同时它也是最危险的恶习，它让我们在不知不觉之中丧失进取心。一旦我们开始遇事推脱，那下一次就很有可能再犯，直到将其变成一种根深蒂固的习惯。

那么，我们究竟该如何做才能克服拖延症呢？答案只有两个字——

行动。没错，只要我们还愿意承担岗位责任，那我们就必须用行动来破除拖延症的魔咒。而当我们开始着手做事时，我们就会惊奇地发现，自己的处境正在迅速改变。

一位老农的农田里，多年以来一直横卧着一块大石头。这块石头碰断了老农的好几把犁头，还弄坏了他的农耕机。老农对此无可奈何，巨石成了他种田时总是挥之不去的一块心病。

有一天，在又一把犁头被打坏之后，老农想起巨石给他带来的无尽麻烦，终于下决心弄走巨石，了结这块心病。于是，他找来撬棍伸进巨石底下，却惊讶地发现，石头埋在地里并没有他想象中的那么深，稍稍使点劲儿就可以把石头撬起来，再用大锤把它打碎，最后再清出地里。

老农脑海里闪过多年被巨石困扰的情景，再想到自己其实可以更早些把这桩头疼事处理掉时，禁不住一脸的苦笑。

其实，在工作中，遇到问题就应该立刻弄清根源，然后再想办法解决问题。要知道，做事拖拖拉拉或许能换取一时的安逸和舒适，但是从长远来看，这样做绝对是在浪费我们宝贵的时间和精力，妨碍我们在积极行动中提升自己的能力。就像故事中的老农，很多事情并没有我们想象中的那么困难，只要我们积极主动地执行岗位责任，就能在行动中找到最佳的解决办法。

罗斯福说过："做任何决策时，选择做对的事情是最棒的，选择做错的事情是第二棒的，选择什么都不做是最糟的！"毫无疑问，拖延症患者就是选择什么都不做，对于那些属于自己的岗位责任，他们始终都不愿意立即采取有效的行动，所有最后才会陷入无穷无尽的烦恼之中而无法自拔。

李畅琳大学毕业后进入一家公司工作，做事一向拖拉的她，最后终于在自己的第一份工作中栽了个大跟头。工作的第一天，公司领导就给她和另外一个新来的女生安排了一个任务，让她俩在网上搜集相关的资料，然后结合自己的创意和想法，各自撰写一个公司活动的策划方案，要求在一个礼拜内完成。

李畅琳一听领导说"一个礼拜内完成"，心里顿时卸下了一个大包袱，她长吁一口气，决定先把这个策划放到一边，最后两天再来想办法完成它。当另外一个女生已经开始疯狂地在网上搜集相关的资料时，她还在跷着二郎腿，一边小口地喝着咖啡，一边悠闲地刷着视频。

时间飞快地过去了，到了第七天，李畅琳还没开始工作，她心里感到非常焦虑，拖延了那么久，她每天其实过得并不开心，心里总是惦记着这个事情，可就是不愿意展开行动。一个上午的时间，李畅琳才搜集了一点点资料，这一下，她彻底慌了，因为接下来的几个小时，根本不够她撰写活动策划方案。

怎么办呢？李畅琳只好病急乱投医，从网上抄一些别人的创意，加在自己的活动策划方案里，草草了事，随便应付下领导。

最后，领导采纳了另外一个女孩精心撰写的活动方案，并且决定让这个女孩担任这次公司活动的总监，尽情地施展自己的才华。而李畅琳呢，因为做事拖延，导致自己撰写的活动方案粗制滥造，不仅错失了这次机会，还受到了领导的批评。

其实，在实际的工作中，像李畅琳这样做事拖延的人不胜枚举。他们总以为时间还有一大把，只要在规定的期限内把工作完成就行了，殊不知，要做好任何一项工作都不是简单的事，必须花费我们一定的时间和精力。所以，当期限将至我们着手准备去完成那件工作时，我们会发现，事情并不像我们所想的那般简单，再加上长期的拖延于无形中又消耗了我们不少的心力，最后我们上交给领导的只可能是一个不甚完美又或是十分糟糕的结果。

说白了，做事拖延就是因为人的惰性在作怪，每当我们要付出行动，或要做出抉择时，总会想办法找一些借口来安慰自己，总想让自己过得轻松些、舒服些。然而，越是这个时候，我们越是要意识到自己所肩负的岗位责任，勇敢果断地战胜惰性，积极主动地应对挑战，绝对不能深陷拖延的泥潭，白白蹉跎自己的光阴。

▶ 给自己定一个截止日期

俗话说得好："今日事，今日毕。"不管我们做什么事情，都不能把今天要完成的事情推到明天，把明天要完成的事情推到后天。总之，只要是我们分内的工作，都必须在截止日期前完成，唯有如此，我们才不会养成做事拖沓的恶习，才不会耽误工作的顺利进行，才不会阻碍事业的进步。

在工作中，很多人都有过这样的经历：在开始工作时会产生不高兴的情绪，所以总是不自觉地把某个期限内必须完成的工作一拖再拖，等到老板伸手找我们要工作结果时，我们却什么也拿不出来。

面对这种情况，老板最后到底会有什么反应，相信每个人都了然于胸。要知道，企业是以盈利为目的的，老板花钱请我们工作，自然是希望我们能创造出大于我们所拿到的实际薪水的价值，再不济我们也不能让老板亏本。

可如果我们不能在截止日期前完成自己的工作，那就等于让老板白花钱养懒汉，试问，又有哪一家公司的老板会对员工那么大方呢？退一步讲，就算老板愿意这么做，企业也没有那么多的闲粮让不干活的懒汉坐吃山空呀！

所以，我们要学会调试自己的心态，哪怕从事的是再无趣再艰难的工作，我们都要立即付诸行动，认真负责地去做。因为一旦我们开始行动，那随着时间的流逝，我们离工作完成的日子只会越来越近，这个时候，我们的内心就再没有"必须要开始工作"的不愉快情绪了，相反，我们还会感到一种前所未有的成就感。

有一次，约翰·丹尼斯和他的一位副手到公司各部门巡视工作。到达休斯敦一个区加油站的时候，已经是下午三点了，约翰·丹尼斯突然看见油价告示牌上公布的还是昨天的数字，很显然，加油站的工作人员并没有按照总部指令将油价下调5美分／加仑进行公布，这让他十分恼火。

约翰·丹尼斯立即让助手找来了加油站的主管弗里奇。远远地望见这位主管，他就指着报价牌大声说道："弗里奇先生，你大概还熟睡在昨天的梦里吧！要知道，你的拖延已经给我们公司的荣誉造成很大损失，因为我们收取的单价比我们公布的单价高出了5美分，我们的客户完全可以在休斯敦的很多场合，贬损我们的管理水平，并使我们的公司被

第五章 工作不"摸鱼",时间不浪费

传为笑柄。"

意识到问题的严重性后,弗里奇先生连忙说道:"是的,我立刻去办。"

看见告示牌上的油价得到更正以后,约翰·丹尼斯面带微笑说:"如果我告诉你,你腰间的皮带断了,而你却不立刻去更换它或者修理它,那么,当众出丑的只有你自己。这是与我们竞争财富排行榜第一把交椅的沃尔玛商店的信条,你应该要记住。"

然后,约翰·丹尼斯和助手一起离开了加油站。从此之后,那位主管弗里奇先生执行岗位责任的速度得到大幅度提高,只要是上级交代的工作,他都会在截止日期前完成,再也没有出现过拖拖拉拉的情况。

工作要在截止日期前完成,这是我们每一个职场人都应该具备的最基本的职业操守。只有做到这一点,公司老板才能看到我们对岗位责任的执行能力,他才会放心地将工作交给我们去做,而我们也才有机会向其证明我们的实力和才华。

有人曾问一位法国政治家,"您是凭借什么使自己在政坛上获得巨大成功的同时,还能承担多项社会职务呢?"政治家答道:"我从来不把今天要完成的工作推到明天,仅此而已。"由此可见,立即行动,绝不拖延,按时按质完成工作,是一个事业成功者必备的作风。

众所周知,在竞争激烈的现代职场,行动和速度是制胜的关键。面对工作,如果我们总是拖着不肯去行动,那最后根本完不成工作,成就不了任何事情。

很多人在企业平庸一生,在某种程度上,就是因为他们做什么工作都喜欢往后拖。可以想象,这样的习惯不仅会使人变得越来越懒惰,时

间长了还会破坏人整个的精神面貌，使之变得思维僵化、反应迟钝、呆头呆脑。

古语有云："流水不腐，户枢不蠹。"这句话的意思是，长流的水不发臭，常转的门轴不遭虫蛀。换句话说，一个人只有在工作岗位上进行活跃的思考，保持强烈的上进心和高昂的斗志，积极主动地执行任务，他才不会丧失自己宝贵的创造力和竞争力，才不会被信奉丛林哲学的职场无情地淘汰掉。

而这一切，都有赖于我们在规定的时间内出色地将工作完成。

当然，也许有人会为自己的低执行力做如是辩解："我没有在截止日期前完成工作，是因为我做事谨慎。"拿谨慎当借口的人，往往没有搞清楚谨慎二字的含义，要知道，谨慎是对于将要的工作做好计划，而低执行力则是将应该在某个期限内完成的工作一而再，再而三地往后拖。

总之，工作的价值在于行动，雷厉风行或许容易差错，但这总比什么都不去做要强上许多。我们必须搞清楚一个事实，人并不是因为谨慎而赶不上火车的，纯粹是因为自己出发太晚才赶不上的。

有一位哲人说过："骑着一辆脚踏车，不是保持平衡向前进，就是翻覆在地。"工作就好比脚踏车，如果我们不能立即执行，积极向前，并在截止日期前完成它，那我们迟早会随着它翻覆在地，最后摔得四仰八叉，毫无形象可言。

CHAPTER 06

第六章

加快速度，全力以赴

有些人拖延是因为他们的做事速度太慢，遇事总是观望与犹豫。徘徊观望是我们成功的大敌。许多人都因为对已经来到面前的机会没有信心，而在犹豫之间把它轻轻放过了。"机会难再"，即使它肯再来，光临你的门前，但假如你仍没有改掉你那徘徊瞻顾的毛病的话，它还是照样要溜走。行动慢，等于没有行动。

能够使你超越竞争对手的关键，能够帮助你达到目标的关键，能够帮助你成功致富的关键，能够帮助你谱写精彩人生的关键，只有一个：那就是快速行动。

▶ 加快速度才能抢占先机

信息时代，抓住机遇，获得成功更要讲究时间。时间就是生命，时间就是金钱，时间就是成功。

有时，同样一个机遇既可以属于你，也可以属于他，这就看谁能捷足先登。

捷足先登，靠速度，所谓兵贵神速。《孙子·虚实篇》说："凡先处战地而待敌者逸，后处战地而趋战者劳。"这是说，凡先到达战地等待敌人的，就从容主动，反之，仓促应战的就疲劳被动。

一天黄昏，井植熏在马路上骑车，因为他的自行车车尾没有反光板而被警察严厉地教育了一番。回来的路上，井植熏不断地回想着警察的话："这是法律规定的，这是法律规定的……"

突然，一个想法出现在他的脑海中："真要是这样的话，那可就是一桩好买卖呀。全日本大约有1000万辆自行车，每辆自行车都需要反光板，这个市场太大了。"

他想起在三洋的车间里，还堆放着大批的钢片边角料，以往这些材料都是当废品卖掉的，若是用它们来生产自行车车尾反光板的底板和边框，真是再合适不过了。这个想法一出现，他便立刻开始采取行动。

第二天，他打电话到东京，询问红色玻璃的价格。粗略地估算了一下成本，大约每个反光板需要18日元，而当时市面上出售的用黑铁皮做的反光板价格是28日元，他完全具有占领市场的优势。

很快，三洋生产的钢框反光板面市了，并且很快超过了马莫尔和松下等老牌子，几乎独占了整个市场。三洋公司也从此逐渐发展壮大起来。

企业为了在竞争中取胜，都会研究新技术、开发新产品，而且这些研究和开发常常是并行的。竞争的现实反复表明，谁先研究成功，谁先运用于实际，谁先满足市场需要，谁就是该项技术和产品的"主人"；同类、同质、同价产品，谁先把它投进市场，谁就能控制市场的"制高点"，取得主动。时间上的抢先，等于先摘到了机遇的桃子，意味着对市场一定期间的"垄断"。

《孙子·势篇》说："激水之疾，至于漂石者，势也；鸷鸟之疾，至于毁折者，节也。是故善战者，其势险，其节短。势如强弩，节如发机。"

这段话是说，用兵应造成一种险峻的态势，这种态势如同湍急奔流的水，像速飞猛击的鹰，像张满的弓弩，其所发出的节奏，是短促的。有这样险疾的态势，"鹰隼一击，百鸟无以争其势；猛虎一奋，万兽无以争其威。""水之漂石""鹰之一击"，牵涉到"疾"与"节"这两

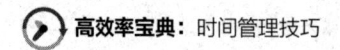

个因素。

我们在捕捉机遇时，除了"疾"——快速以外，还要有节奏、节量。你看：鹰之擒鸟雀，必节量远近；虎之猎麋鹿，总是先踞后跃奋之。抓机遇，要善于权衡，力争不失时机，不耗"无用之饵"，张弛得体，该张时则张，该弛时则弛。时下至不可强生，事不究不可强威。"疾而有节"，就能把握机遇。有人把机遇比作搭车，这一班车来了，一定要抓紧时间，赶快挤上去。至于下一班车什么时候到，只有天晓得，也许永远搭不上了。

简言之，要快速，要有节，要有度，要机智，会应变。

▶ 做决策时要快、准、狠

判断力对一个成功者来说太重要了，任何一个人做任何一件事情，他都需要对其进行评价然后判断其好坏与否，最后才能决定是否实施，而实施的结果则完全取决于其判断。

工作做不好的一大原因，就因为在零星细小的事务上多费了工夫。在小事上所浪费的时间，尽管不多，可是若再欠缺判断力，那就很可能会引起严重的后果。

对琐碎的事情欠缺判断力的人，不论对什么事情，总是想得太过分。例如：怎么办才好？不办怎样？办了又怎样？如临大敌。结果，时间虚度，没有一样事能做得完美。

再者，为避免错误、失败，遇事无不斟酌再斟酌，考虑再考虑，以致坐失良机。

这些人也许是要使事情办得完美无瑕吧，然而，往往是事与愿违。

他们恐怕也并非故意要将工作延缓，只是太过分认真了，以致无论对任何事情，都要绞尽脑汁地去思考，结果却是徒劳无益，使工作停滞不前。因此，判断力的培养非常重要。

比如说，机敏的决断应当是一种补充。一般说来，这种判断比费时良久的深思熟虑更趋正确。这是因为，所谓人的思考，时间越长，受到先入为主或隐而不显的偏见左右的机会就越多。思考时间长的人，大都是不能成大事的，这些人的决断易为偏见所左右。决定事情要迅速，越是快捷，越会得到好的结果。有时直觉是最宝贵的才能，而犹豫不决无异于裹足不前。

另外，迅速地做出决断，显然是抓住成功的机会的有效方法，这需要人们一定大胆而果断地运用自己的判断力，不要害怕犯错误。实际上，人们常常会遇到这样的情况，为求工作更完善，不免拘泥于琐碎的细节，担心犯错误，结果常常适得其反。

为了使决断敏捷，必须坚持某种原则或某种目标，这是十分重要的。

为了微不足道的小事，搞得头昏脑涨，反而把重大的事情给疏忽了。这是没有决断能力人的通病。

有决断力的人，坚持着问题的核心原则。抓住原则就会排除混乱，展现坦途。

为人生零星琐碎的事情过分思虑是愚蠢的。一切事情越能干净利落地决定，越不会招来损失。

敏捷地作出决断，这是工作高效与克服拖延的秘诀。

▶ 快速行动才能成功

有人说："凡事第一个去做的人是天才，第二个去做的人是庸才，第三个去做的人是蠢材。"但是，我们偏偏看到，有些懒人去争做庸才和蠢材。想成功必须要出奇制胜，用自己独特的眼光去经营事业，并且看准的事一定要迅速行动，才是成功的最好方法。

日本索尼公司创始人井深大和盛田昭夫，一开始就立志于"率领时代新潮流"。一次偶然的机会，井深大在日本广播公司看见一台美国生产的录音机，他便抢先买下了专利权，很快生产出日本第一台录音机。

1952年，美国研制成功"晶体管"，井深大立即飞往美国进行考察，果断地买下这项专利，回国数周后便生产出公司第一支晶体管又成功地生产出世界上第一批"袖珍晶体管收音机"。索尼的新产品总是以迅雷不及掩耳之势独占市场制高点。

无论在什么时候都要有时间观念，决定做一件事情以后，行动要迅速，绝不能把今天的事留到明天去做。时间就是金钱，拖沓的作风是成功的天敌，行动不敏捷很难适应现代市场的竞争。

在今天这个信息高速发展的时代，企业必须在第一时间，用第一速度，对市场变化做出第一反应。因为有速度才能有生存权，没有速度的企业必然会被淘汰。要在竞争中处于优势的有利位置，还必须有"第一速度"，因为大家都在比速度，只能以市场的第一速度去满足消费者需求，才能开发消费者资源。

产品策划要有第一速度、销售要有第一速度、服务要有第一速度，所有的环节都必须迅速在第一时间采取行动，要以"第一速度"满足消费者需求，这个速度使我们与消费者零距离，减少营运成本，创造更多的利润。

做事就是这样，如果你行动不够迅速，别人就会抢先一步。想把事情做好，就必须行动迅速，先下手为强，把办事的主动权握在自己手里。

1875年春的一天，美国实业家亚默尔像往常一样在办公室里看报纸，一条条的小标题从他的眼中溜过去，当他看到了一条几十个字的时讯："墨西哥可能出现猪瘟"时，他的眼睛突然发出光芒。

他立即想道：如果墨西哥出现猪瘟，就一定会从利福尼亚、得克萨斯州传入美国，一旦这两个州出现猪瘟，肉价就会飞快上涨，因为这两个州是美国肉食生产的主要基地。他的脑子正在运转，手已经抓起了桌子上的电话，问他的家庭医生是不是要去墨西哥旅行？家庭医生一时弄不清他是什么意思，满头雾水，不知怎么样回答。

亚默尔约医生见了面，并说服他的家庭医生，请他马上去一趟墨西哥，证实一下那里是不是真的出现了猪瘟。

医生很快证实了墨西哥发生猪瘟的消息，亚默尔立即动用自己的全部资金大量收购佛罗达州和得克萨斯州的肉牛和生猪，很快把这些东西运到了美国东部的几个州。

不出亚默尔预料，瘟疫很快蔓延到了美国西部的几个州。美国政府的有关部门下令一切食品都必须从东部的几个州运入西部，亚默尔的肉牛和生猪自然在运送之列。由于美国国内市场肉类产品奇缺，价格猛涨，亚默尔抓住这个时机狠狠地发了一笔大财。在短短的几个月内，就足足赚了100万美元。

他之所以能够赚到这样一大笔钱，就是因为他比别人抢先一步，迅速行动，更好地把握住了商机。

成功者马上行动，绝不拖延。时间是宝贵的，21世纪打的是速度之战，如果你不抢在别人前面，别人就会把你甩在后面。

每一个成功者都是行动家，而不是空想家；每一个赚钱的人都是实践派，而不是理论派。"我开始决定，我要养成迅速行动的好习惯。"这是成功人士每天都会告诉自己的。迅速行动是一种习惯，是一种做事的态度，也是每一个成功者共有的特质。

什么事情你一旦拖延，你就总是会拖延，但你一旦开始行动，通常就会一直做到底。所以，行动就是成功的一半，第一步是最重要的一步，行动应该从第一秒开始，而不是第二秒。

只要从早上睁开眼睛那一刻开始，你就要迅速行动起来，一直行动下去，对每一件事都要告诉自己立刻去做，你会发现，你整天都有充满着行动力的感觉。这样持续三个星期，你可能就养成了迅速行动的好习惯了。

所以，现在看到这里，请你不要再想了，再想也没有用，去做吧！任何事情想到就去做！现在就做！去行动！

拿一张纸写上"快速行动",贴在你的书桌前、床头、镜子前,贴满你的房间,你一看到它就会有行动力的!现在就做!

为了养成你迅速行动的好习惯,请你大声地告诉自己:"凡事我要快速行动,快速行动!"连续讲10次,立即行动!只有不断地行动,才能帮你成功。

▶ 夜长梦多,犹豫会败北

兵家常说:"用兵之害,犹豫最大也。"实际上,犹豫不决,当断不断的祸害,不仅仅表现于战场上,在现代的商业战略上又何尝不是如此?

商战之中,机不可失,时不再来,如果犹豫不决,当断不断,那你在商场上只会一败涂地。因此,斩钉截铁、坚决果断,已成为当代经营企业家的成功秘诀之一。当然,这里说的当机立断,首先指的是认准行情、深思熟虑后的果敢行动,而不是心血来潮或凭意气用事的有勇无谋。

宋人张泳说:"临事三难:能见,为一;见能行,为二;行必果决,为三。"当机立断的另一方面,并非仅仅指进攻和发展。有时,按兵不动或必要的撤退也是一种果敢的行为;该等待观望时就应按兵不动,撤退时就应该撤退,这也是一种当机立断的行为。

最让人感慨的是"夜长梦多"这一俗语了。夜长梦多，指的是做某些事，如果历时太长，或拖得太久，就容易出问题。"夜长"了，"噩梦"就多，睡觉的人会受到意外的惊吓，反而降低了睡眠的效果。同理，做事犹犹豫豫，久不决断，也会错失良机，"失时非贤者也"。

《史记》中有"兵为凶器"的说法。意思是说，不在万不得已时，不得出兵；但是，一旦出兵就得速战速决。"劳师远征"或"长期用兵"，每每带来的都是失败。

中国人向来讲究不温不火，从容自若，慢条斯理的做事态度，大难临头，"刀架脖子上"也能泰然处之。能够做到这样，才算得上气宇大度的君子。然而，这并不是说中国人就喜欢做事拖拉，或不善于抓住战机。事实上，中国人在追求和谐、宁静、优雅的同时，无时不在潜心于捕捉机遇。

因此，做事应善于抓住机遇，快速决断，不要犹豫、踌躇。

▶ 别为懈怠找借口

找到一个借口是最容易做到的事情，因为我们完全可以在不同的时间和地点，轻易找到很多的借口去自我安慰，掩饰自己的过错。工作和生活都是这样，有的人常常把"拖延时间"归咎于外界因素，总是要去找一些敷衍上司或者其他人的借口，其实这些人最终是在敷衍自己。拖延时间的是自己,由此而受害的必然也是自己。

我们不管是在工作中还是在生活中,遇到种种困难或不容易完成的事情时,我们就很习惯地替自己找各种各样的借口,拖拖拉拉。这种情况下工作要么是无法按时完成,或者根本就没有完成。工作就意味着责任,借口却让我们忘却了自己的责任,使我们在工作中不能全力以赴。

久而久之就形成了习惯,一旦有了困难就替自己找借口。这样发展下去是非常可怕的。让我们重新审视自己,找准自己的位置,带着热情全身心地投入到工作、学习中去,不找任何借口,去做一个最优秀的人。

给自己的时间做主就是不要拖延,我们的时间不能沦为任何人、任何事都可以随意占用的"公共资源"。拖延会让任何憧憬、理想和计划落空。过分的谨慎与缺乏自信都是工作中的大忌。立即执行,便会感到简单和快乐;拖延执行,便会感到艰辛和痛苦。

拖延的习惯会消灭人的创造力。如果想把工作做得非常好,就不要去拖延时间。避免拖延的唯一方法就是随时主动地工作。语言未必能够表明我们是个什么样的人,而只有行为才能够切实地反映出我们的本质。

只要有决心,我们就可以实现自己的任何意愿,要相信自己并不脆弱,而且是非常坚强、非常有能力的。把事情推迟到未来去做,就是在逃避现实,甚至是在欺骗自己。拖延时间的心理,只会使我们在"现在"这个时段更加懦弱,并且耽于幻想。也就是说,我们总是希望情况会有所好转,但是到最后却无法成功。

拖延时间,意味着虚度光阴、无所事事。无所事事时会使人感到厌倦无聊。那些取得过最佳成绩的人，都是没有时间议论别人的，也没有时间闲着，他们总是忙于自己的实际工作。如果利用"现在"做一些自己愿意做的事情，或者充分发挥自己的思维能力，我们就永远不会厌倦工作和生活。

千万不要为借口拖延时间，工作第一步就是"开始"，即使心存恐惧也必须这样做。

凡事都留待以后处理的态度是一种不好的工作习惯。每当要付出劳动，或要做出抉择时，总会为自己找出一些借口来安慰自己。奇怪的是，这些经常喊累的拖延者，却可以在健身房、酒吧或购物中心流连数个小时毫无倦意。

时间如闪电般飞逝，我们都应该想想自己的生命大约还剩下多少时间，立即拒绝拖延，提升工作效率，从而给自己腾出更多的私人空间，在这个竞争激烈、日新月异、千变万化的世界享受工作，享受人生。

▶ 杂乱无章，做事低效

永远要记住，杂乱无章是一种必须改正的坏习惯。有些人将"杂乱"作为一种行事方式，他们以为这是一种随意的个人风格。他们的办公桌上经常放着一大堆乱七八糟的文件。他们好像以为东西多了，那些最重要的事情总会自动"浮现"出来。

第六章 加快速度，全力以赴

对某些人来说，他们的这个习惯已根深蒂固，如果我们非要这类人把办公桌整理得井然有序，他们很可能会觉得像穿上了一件"紧身衣"那样难受。不过，通常这些人能在东西放得这么杂乱的办公桌上把事情做好，很大程度上是得益于一个有条理的秘书或助手，弥补了他们这个杂乱无章的缺点。

但是，在多数情况下，杂乱无章只会给工作带来混乱和低效率。它会阻碍你把精神集中在某一项工作上，因为当你正在做某项工作的时候，你的视线不由自主地会被其他事物吸引过去，导致工作被拖延，时间被无端消耗。

另外，办公桌上东西杂乱也会在你的潜意识里制造出一种紧张和挫折感，你会觉得一切都缺乏组织，会感到被压得透不过气来。

总之，那些容易把事情复杂化的无数勤奋人应该学会的一种能力是：清楚地洞察一件事情的要点在哪里，哪些是不必要的繁文缛节，然后用快刀斩乱麻的方式把它们简单化。这样不知要节省多少时间和精力，从而大大提高你的效率。

举例来说，如果你发觉你的办公桌上经常一片杂乱，你就要花时间整理一下。把所有文件堆成一堆，然后逐一检视（大大地利用你的纸篓），并且按照以下四个方面的程度将它们分类：即刻办理、次优先、待办、阅读材料。

把最优先的事项从原来的乱堆中找出来，并放在办公桌的中央，然后把其他文件放到你视线以外的地方——旁边的桌子上或抽屉里。把最优先的待办文件留在桌子上的目的是提醒你不要忽视它们。但是你要记住，你一次只能想一件事情，做一件工作。因此你要选出最重要的事情，并把所有精神集中在这件事上，直到它做好为止。

每天下班离开办公室之前，把办公桌完全清理好，或至少整理一下。而且每天按一定的标准进行整理；这样会使第二天有一个好的开始。

不要把一些小东西——全家福照片、纪念品、钟表、温度计以及其他东西过多地放在办公桌上。它们既占据你的空间也分散你的注意力。

每个坐在办公桌前的人都需要有某种办法来及时提醒自己一天中要办的事项。

此外，最好对时间进行统筹，比如到办公室后，有一系列事务和工作需要做，可以给这些事务和工作安排好时间。

通过这种方法，可以有效改正杂乱无章的坏习惯，有效利用时间，让自己的工作效率得到显著提高。

▶ 想到就做，绝不拖延

人们在日常生活中是否想到某件事就马上去做了呢？有许多应该做的事，不是没有想到，而是没有立刻去做。时间一过，就把它忘了。

有时是因为忙，有时是因为懒。想到某一件事该做，但当时没有时间，于是想，"等一下再说吧！"但等一下之后，为其他事务分神，就忘了，或者是时过境迁，失去当时的时机了。

如果想做事有效率，最好是"想到就做"，事情未能随到随做，随做随了，却都堆在心里，既不去做，又不能忘，实在比多做事情更加疲劳。

假如你有未完成的工作、未缝完的衣服、未写成的稿件等，希望你把它们找出来整理一下，安心把它们完成。设想完成之后，你会非常快乐。当它们未完成时不过是些废物，而当它们完成之后，它们却变成漂亮的成品和可观的成绩，那种意料之外的成功，更令你惊奇。

只要肯多付出一份心力和时间，就会发现，自己实在有许多未曾使用的潜在本领。有些人在面临一项新的工作时，会为它的繁重与困难而心情紧张、沉重、不安。消除这种情绪的办法，只有立刻着手去做这件事，而事实也并不那么困难。

"想到就做"不是一件难事，它只需要果决有信心。但是，一件事情开始之后，是否能够有始有终，则要靠毅力与恒心，很多人往往凭一股冲力做了一阵，然后就渐渐觉得厌倦；再遭遇一点困难或外力的干扰，这时，不但兴趣消失，信心也没有了。很多工作多因此而中途停顿。而只是那些能克服这种障碍的才是成功的人。

开始一件工作，所需的是决心与热诚；完成一件工作所需的是恒心与毅力。缺少热诚，工作无法发动。只有热诚而无恒心与毅力，工作是不能完成的。

敢想敢做就能成功。"想到就做！"希望那些还没有成功的世人不要把它仅仅停留在响亮的口号上，还要落实在行动上。想到就去做，只有这样才能真正战胜拖延症，管理好自己的时间。

高效率宝典：时间管理技巧

▶ 先人一步乃制胜关键

　　成功学大师皮鲁克斯有一句名言："先人一步者，总能获得主动，占领有利地位。"的确，机会很重要，你对机会的反应同样重要。当机会来临时，反应敏捷的人总能先人一步抓住机遇。

　　时下经常讲要抓住机遇，但究竟怎样才能抓住机遇呢？被喻为"中国第一打工仔"刘延林说："机遇，对每个人来说，应该是平等的，但为什么有人捕捉不到，有人捕捉得到？关键在于：你是不是积累了捕捉机遇的本领。就像你狩猎，等了很久很久，猎物来了，你却放空枪，只能眼睁睁看着猎物消失。捕捉猎物的本领，就是及时抓住机遇。同样，发现了机遇，有的人能够牢牢抓住，有的人却眼睁睁地看着机遇溜走。"

　　一名13岁学生查理斯，曾经替人照看婴儿以赚取零用钱。他观察到家务繁重的婴儿母亲经常要紧急上街购买纸尿片，于是灵机一动，决定创办他的"打电话送尿片"公司，只收取20%的服务费，便会送上纸尿片、婴儿药物或小巧的玩具等物品。

　　查理斯最初给附近的家庭服务，很快便受到欢迎，于是他印了一些广告四处分送。结果业务迅速发展，生意兴隆，而他又只能在课余用自行车送货，于是他用每小时5美元的薪金雇用了一些大学生帮助他。早行动的查理斯已拥有多家具有相当规模的公司。

和查理斯类似的还有戴尔。他虽然年轻便成富豪,但他既没有巨额遗产,也没有中彩票,而是很早就开始投资理财的结果。

十来岁的时候,迈克尔·戴尔就开始了创富生涯:在集邮杂志上刊登广告,出售邮票。后来,他用赚来的2000美元买了他的第一台个人电脑。

戴尔读高中时,找到了一份为报纸征集新订户的工作。他推想新婚的人最有可能成为客户,于是雇请朋友为他抄录新近结婚的人的姓名和地址。他将这些资料存入电脑,然后向每一对新婚夫妻发出一封有私人签名的信,允诺免费赠送报纸两星期。这次他赚了1.8万美元,买了一辆德国宝马牌汽车。

18岁那年,迈克尔·戴尔进了得克萨斯大学。像大多数大学生那样,他需要自己想办法赚零用钱。那时候,个人电脑成为人们关注的焦点,凡没有的人都想买一台,但由于售价太高,许多人买不起。一般人所想要的,是能满足他们的需要而又售价低廉的电脑,但市场上没有。

戴尔心想:"经销商的经营成本并不高,为什么要让他们赚那么丰厚的利润?如果由制造商直接卖给用户那么不是便宜很多吗?"戴尔知道,万国商用机器公司规定,经销商每月必须提取一定数额的个人电脑,而多数经销商都无法把货全部卖掉。他也知道,如果存货积压太多,经销商会损失很大。于是,他按成本价购得经销商的存货,然后在自己宿舍加装配件,改进性能。

这些经过改良的电脑十分受欢迎。戴尔见到市场的需求巨大,于是在当地刊登广告，以零售价的八五折推出他那些改装过的电脑。不久，许多商业机构、医生诊所和律师事务所都成了他的顾客。

有一次戴尔放假回家时，他的父母表示担心他的学习成绩，希望他完成学业后再创业，而他觉得如果听父亲的话，就是在放弃一个一生难遇的机会。"我认为我绝不能错过这个机会。"

一个月后，他又开始销售电脑，每月赚5万多美元。戴尔坦白地告诉父母："我决定退学，自己开办公司。"他的目标是和万国商用机器公司竞争。他父母觉得他太好高骛远了。但无论他们怎样劝说，戴尔始终坚持自己的意见。终于，他们达成了协议：他可以在暑假试办一家电脑公司，如果办得不成功，到9月就要回学校去读书。

戴尔拿出全部积蓄创办戴尔电脑公司，当时他19岁。他租了一个只有一间房的办事处，雇用了第一位雇员——一名28岁的经理，负责处理财务和行政工作。戴尔仍然专门直销经他改装的万国商用机器公司个人电脑。

第一个月营业额便达到18万美元，第二个月达到26.5万美元，不到一年，便每月售出个人电脑1000台。积极推行直销、按客户要求装配电脑、提供退货还钱以及对故障电脑"保证第二天登门修理"的服务举措，为戴尔公司赢得了广阔的市场。在迈克尔·戴尔本应大学毕业的时候，他的公司每年营业额已达7000万美元。戴尔停止出售改装电脑，转为自行设计、生产和销售自己的电脑。

现在，戴尔电脑公司在全球16个国家设有附属公司，每年收入超过20亿美元，有雇员约5500名。假如戴尔不从早创业，也许他就不可能成为当今世界最年轻的富豪了。

CHAPTER 07

第七章

专注助你不再拖延

目标是我们航行中的灯塔，是我们人生奋斗的方向。在任何一个领域中，取得不凡成就的人，他们的行为几乎都是指向了自己设定的目标。在目标的指引下，他们不退缩，不迷茫，勇敢地前进，直至到达自己的目的地。

托斯凯宁尼说："我此刻正在做的事，就是我一生中最大的事，不管是在指挥交响乐团还是在剥橘子。"

❯ 专注目标让你避免拖延

成功学家拿破仑·希尔曾说:"你过去或现在的情况并不重要,你将来想获得什么成就才最重要。除非你对未来有理想,否则难成大事。一旦有了目标,内心的力量才会找到方向。"

工作尤其如此。在工作中,如果一个人缺少目标和方向,那他做事肯定会三心二意,工作效率不高,到头来只会一事无成;而有了目标和方向,一个人就会紧盯目标,心无旁骛地去做事,最终全世界都会给他让路。

企业家杨元庆有这样一个习惯:他习惯把近期要实现的目标写在卡片上,放在上衣口袋里,然后每天按照卡片的记录去完成一些事情。

因此,公司的员工总会看到在杨元庆在口袋里装满了写上目标的卡片,当他每实现一个目标时,就取出那张卡片。日复一日,年复一年地坚持,杨元庆终于取得了很大的成功。

有很多人向杨元庆请教成功的秘诀,希望能够像杨元庆一样成为一个成功的企业家，但当人们听了杨元庆的方法时，大都不以为然。

有一个在一家机械厂做销售的销售员，和其他人不同，他非常相信杨元庆的秘诀。他试着按照杨元庆的做法，在每个月前，将自己的销售目标写在卡片上放在口袋里，然后不管遇到什么困难都用最大的努力去实现口袋里的目标。

"你成功了吗？获得了什么样的结果呢？"一段时间之后，有人问他。

他回答说："你能相信吗？我现在的业绩比原来正好增加了一半。原来我只是想到什么做什么，并没有明确的目标，这使得我有时候很迷茫，如果我没有按照杨元庆的方法去做，我的业绩可能仍旧徘徊在公司所有员工的最底层。现在他的方法让我拥有了从来没有过的积极态度，我充满干劲，而且我的能力也提高了不少。总之，我现在的业绩仍在持续增长中。"

他们的故事告诉我们：工作需要树立目标，有了目标后，就要去认定它、盯紧它，只有这样，我们才能用最短的时间高效完成任务，避免拖延，收获成功。

驰名中外的舞蹈艺术家陈爱莲在回忆自己的成才道路时，也告诉人们"聚焦目标"的重要性："因为热爱舞蹈，我就准备一辈子为它受苦。在我的生活中，几乎没有什么'八小时'以内或以外的区别，更没有假日或非假日的区别。筋骨肌肉之苦，精神疲劳之苦，都因为我热爱舞蹈事业而产生。但是我也是幸福的。我把自己的全部精力的焦点都对准在舞蹈事业上，心甘情愿为它吃苦，从而使我的生活也更为充实、多彩，心情更加舒畅、豁达。"

其实，这种聚焦目标的行为都源自一个人对自己所做之事的专注，因为专注，他才不会见异思迁、三心二意、半途而废，他才能克服途中遇到的一切困难和阻碍，并摒弃内心深处的迷茫和沮丧，最终顺利到达成功的彼岸。

由此可见，我们要学会培养自己的专注心，紧盯目标，心无旁骛地去工作，只有这样，我们做事才更有效率，以免因三心二意而拖延工作。

▶ 做自己感兴趣的事才能更专注

相信很多人都有过这样的困扰，工作无法集中注意力，有的人是拖延症作祟，迟迟不能开始工作；而有的人则是在开始工作后，总想着这里看看，那里玩玩，到最后，时间过去了，可什么事情都没有做成。

为什么会出现这种情况呢？其实，归根结底，还是因为我们无法在工作中感受到乐趣，所以丧失了工作的热情，只要一工作，就立马开小差、犯懒、拖拉。

举个简单的例子，一个人如果热爱玩游戏，那他就会想方设法创造机会打游戏，打多久都不会厌烦、腻味。这个例子就充分说明，如果我们喜欢做一件事，那就会对它特别专注，在做的过程中是完全体会不到时间的流逝的，有时甚至还会感觉时间不够用，恨不得一分钟掰作两分钟用；相反，如果我们对一件事充满了厌恶，那身处其中就会感觉度日如年，如坐针毡，恨不得立马腾云驾雾离去。

所以，我们每一个人都要学会在工作中寻找乐趣，只有这样，我们才能更加专注地对待工作，最后高效、高质量地完成自己的任务。

在这个世界上，很少有人能将自己的兴趣变成工作，任何一份工作做久了，我们都会感觉有些琐碎乏味。认清了这一点，我们就不会轻易对工作丧失信心，也不会得过且过，三心二意，随意敷衍，而是会想尽办法从工作中寻找乐趣，让自己对工作的热情之火继续燃烧下去。

有一个大学生，一直热爱画画，大学毕业后，他出国留学继续深造。可是，在国外的生活太拮据了，读书之余，他还要靠打工赚取生活费。后来有人介绍了一份工作给他，就是帮宾馆修剪草坪。这个工作和画画可是大相径庭，不仅需要一份好体力，而且剪草坪的剪子还会把手磨得粗糙不堪。

起初他很不情愿，因为他的梦想是当一名油画家而不是草坪工人，但现实不是由自己的意愿决定的，他只好一次次地去到宾馆外面，对着草坪和灌木，不断地重复单调的工作。

在国外的三年时间里，他就这样一直靠帮宾馆修剪草坪谋生。渐渐地，他发现，修剪草坪也并非总是那么枯燥。比如说，有一天，他不小心铲坏了一块草皮，想了想，他就把这块草坪修成了一幅画的样子，竟得到了人们的极力赞赏，他的薪酬也因此增加了一倍。

慢慢地，他喜欢起修剪草坪这个工作了，后来，因为请他修剪草坪的宾馆太多，他不得不雇了另外一些人，再后来，他成立了自己的公司，这是一家专门帮人设计修剪草坪画的公司。他的公司生意越来越红火。

乐趣果然是一个人保持专注的最佳法宝，我们越是不把工作当作一件苦差事，越是能从工作中找到乐趣，那就会像故事中的大学生一样，越是能将注意力集中在所做的工作上，最后用心把工作做好，赢得一个美好的未来。

所以，行走职场，面对日复一日、烦闷枯燥的工作，请不要害怕，也不要沮丧，多培养专注心，在工作中寻找乐趣，我们照样能出色地完成工作，进而加快职场晋升的步伐，迎来自己事业上的黄金期。

▶ 专注于工作，绝不忽悠自己

拖延的最大症状就是注意力涣散。工作中，有的人做了几分钟，便想拿出手机，刷刷短视频，看看微信，一个小时下来，可能什么事情都干不成。所以，戒除拖延症之前，你必须学会保持自己的专注力，让自己更加专注地去工作。

众所周知，工作是我们每个成年人都不可避免的事情，我们不仅需要工作来维持生存，还需要通过工作来证明自己的价值。既然工作如此重要，那为什么我们还会对其心生厌倦，唯恐避之不及呢？

对于这个问题，很多人都不约而同给出了这样的答案："那还不是因为我们是在给别人打工,每天累死累活,最后坐享其成的又不是自己。"

事实真的是这样吗?我们工作难道真的只是为了老板?不,绝对不是这么一回事儿。

约翰·洛克菲勒说过:"工作是一个施展个人才能的舞台。我们寒窗苦读得来的知识、应变力、决断力、适应能力以及协调能力都将在这样一个舞台上得到展示……"

由此可见,我们工作从来不是为了任何人,仅仅只是为了我们自己。

我们必须明白,企业是为了盈利而存在的,老板花钱请我们工作,我们不能只享受报酬而不付出劳动。既然工作是为了自己,我们就要对自己所在的岗位负责,唯有如此,我们才能让老板觉得他花的钱"物超所值",我们才能成功保住自己的饭碗,我们才能取得事业上的成功。反之,如果我们对待工作不够认真、负责,总是"忽悠"工作,那工作就会反过来"忽悠"我们。

有这么一个有趣的故事。

有个老木匠准备退休,他告诉老板,说自己年纪大了,想要离开建筑行业,回家与妻子儿女享受天伦之乐。老板舍不得自己的好工人走,于是便问他能不能看在多年的交情上再帮忙盖"最后一栋房子"。

老木匠答应了,但随着时间的流逝,旁人很容易看出来,老木匠的心已经不在盖房子上面了:他用的是软料、次料,出的是粗活,所以手工非常粗糙,工艺做得更是马马虎虎。

最后,老木匠终于草草地完成了这"最后一栋房子",很快,他就去请老板过来验收。没想到，老板直接把大门的钥匙递给他，拍着他的肩膀微笑着说："你自己进去验收吧！这是你的房子，我送给你的临别礼物。"

老木匠听了之后目瞪口呆，顿时羞愧得无地自容，可事到如今，房子已经建成了，返工重做已然不可能。如果他早知道这是在给自己建房子，他怎么会如此敷衍了事呢？他一定会选用最好的材料、最高明的技术。

然而，现在说什么都晚了，这一切都是他自作自受，他只能接受工作的"忽悠"和"惩罚"，住进这么一栋自己亲手打造的粗制滥造的房子里了。

这个有趣的故事真是发人深省，所有的职场人士都能从中吸取到一个教训，那就是忽悠工作等于忽悠自己。其实，我们工作就是在给自己建房子，这栋房子的主人不是别人，正是我们自己，我们才是唯一会住在里面的人。

如果我们在工作中总是持有懒散、消极、抱怨、怀疑的态度，不追求精益求精，只会敷衍了事，那我们最后也会落得个和老木匠一样的下场。

总之，个人的利益和公司的利益是一致的，长远来看，个人和公司之间是唇亡齿寒的关系。我们不是为了公司或是老板工作，我们是为了自己，当所有员工都在努力工作，奋发向上时，公司才会不断向前发展，我们的能力和薪水也能因此不断上一个新的台阶。

另外，值得一提的是，很多成功人士都有这样一种心态，那就是"工作是为了自己"，在这种心态的引导下，他们在工作中披荆斩棘，勇往直前，从不推卸属于自己的责任，长此以往，他们逐渐收获了丰富的工作经验、解决问题的能力以及不同于常人的眼光和视角。

一家大型文化传播公司要裁员了，解雇名单上有丁柔和蒋梦，她们俩被人事主管通知两个月之后离职。算起来，这两人算是公司的老员工了，丁柔在公司工作了五年，蒋梦则在公司工作了四年。得知这个消息后，她俩感到非常难过，可一时间又没有更好的解决办法。

丁柔回到家后，整晚都没有睡着，第二天一大早，怒气冲冲的她逢人就大吐苦水："我在公司工作那么多年，没有功劳也有苦劳呀，凭什么我就要摊上被裁员这件糟心事儿呢？真是太不公平了！"

听闻丁柔的遭遇，很多同事都非常同情她，出于好心，刚开始他们还会搜肠刮肚说几句安慰她的话。可哪知丁柔是个没完没了的主儿，一开抱怨的闸门就别想停了，在公司这最后两个月，周围的同事都被她挤兑过，她似乎看谁都不顺眼。

久而久之，同事们都很怕和她打交道，每次见到她都恨不得绕道而行。为此，丁柔更加气愤了，她心想，反正在这儿待不久了，工作做得再好也是无用功，还不如干脆破罐破摔。结果，她再也不认真工作，工作自然一塌糊涂。

而蒋梦呢，虽然她也为自己即将被解雇的事儿难过了整整一晚上，但她对待工作的态度却和丁柔有着天壤之别。在公司里，她从不向别人提及这件事儿，即便有同事问她，她都会笑着解释说只怪自己能力不足。离别在即，大伙儿见她心胸如此豁达，在工作上还是一如既往的认真负责，所以都特别愿意亲近她。

两个月后，丁柔收拾好自己的东西，头也不回地离开了公司，而蒋梦却被老板留了下来。面对她的疑惑和不解，老板笑着说道："我就是喜欢你这种从不忽悠工作的劲头，公司正需要像你这样的员工，你继续在这儿好好干！"

听了老板的话，蒋梦大喜过望，她愈加认定自己之前的想法是正确的。一分耕耘一分收获，不管遇到什么困难，都要沉下心来好好工作，只有不辜负工作，工作才会不辜负自己。

其实，在任何一家公司里，老板最不喜欢的通常都是那些不把工作放在心上的人，这种人你完全不能指望他会把工作做好，为公司创造出应有的效益，因为他对工作缺乏必要的责任感，对自己更是极端的不负责任。

要知道，一个对自己负责的人，绝对不会想到在工作中浑水摸鱼，因为他们深知，唯有努力工作才能在职场平步青云，才能不断地打磨自己，提升自己的工作能力。

天上从不会白白地掉下馅饼，奢望不劳而获纯属白日做梦，忽悠工作的人到最后往往会被工作忽悠，所以，身为员工的我们，不妨在心中种下责任的种子，让责任感成为鞭策、激励、监督自己的力量，最终促使我们将工作做到位。

分散精力难以轻松做事

许多人每天都在做着与他的兴趣不符的工作，他们总是自叹命苦，专等机会到来时再去做称心满意的工作。殊不知光阴似箭，时间永远是一去不返的，如果你不早些回头，今天暂且马虎过了，明天又再等一会儿，等到把大好的青春时光糊里糊涂地混掉之后，再想回头重新学习新的技能时，已经来不及了。这样的惰性和慢性自杀又有什么区别呢？

一般青年大多不注重事业成功的要素，他们常把事情看得过分简单，不肯集中自己所有的精力去努力，须知经验好比一个雪球，在人生的路上，它永远是愈滚愈大的。任何人都应该把精力集中在某一种事业上，不断工作、不断学习。你所花费的功夫愈大，所学得的经验也愈多，做起事来也就愈觉得容易。

"光阴一去不复返"，当你开始走入社会工作时，一定是满腔热情、浑身是劲。你应该把这些精力全部放在事业上，无论你从事什么样的工作，都要用心努力地去经营，当你发现它们所带给你的成果时，你一定会惊讶不已。

歌德说："你适合站在哪里，你就应该站到哪里。"这正是给那些三心二意的人的最好忠告。不论任何人，假使不趁年轻力壮的黄金时代训练自己，使自己养成集中精力做事的好习惯，那他以后一定就不能成就什么事业。

世上最大的损失，莫过于把一个人的精力毫无意义地分散到很多没有意义的事情上。一个人的能力和精力毕竟有限，要想样样精通，是很难办到的，如果你想成就任何事业，就请一定牢记这条定律。

大多数人，假使一开始就能将自己的精力善加利用，不让它分散到一些毫无用处的事情上去，他就有成功的希望，可是偏偏有许多人今天东学一点、明天西碰一下，他们看起来整日忙碌，但最终白忙了一生，什么事也没有做成。

聪明的人都知道，一个人必须倾注所有精力于一件事上，才能达到目标；聪明的人也知道，要善用自己不屈不挠的精神、百折不回的意志及持续不断的恒心，这样才能在生存竞争中取得胜利。

一个有经验的园艺家，有时会把许多能够开花结果的枝条剪去，这在一般人看来一定觉得可惜，可是他为了使树木迅速生长，果实结得特别饱满，就非得忍痛将这些多余的枝条剪掉。否则，他将来收获时的损失，一定会远远超过剪掉的这些枝条的无数倍。

那些有经验的花匠，为什么一定要把许多快要开放的花蕾剪去呢？它们不是一样可以开出美丽的花朵吗？他们剪去的绝大部分，可以使所有的养料都集中在剩下的花朵花蕾上，当这些花蕾开放后，便会成为稀有、珍贵而硕大的奇葩。

正如培植花木一般，那些青年人与其把所有精力分散到许多无关紧要的事情上，不如看准一件最重要的事业，然后集中精力，埋头去干，这样一定可以收到良好的效果。

如果你想成为一个众望所归的领袖，成为一个才识渊博、无人企及的人物，就非得清除所有杂乱无章的念头不可。如果你想在某一方面取得伟大成就，就得大胆伸开剪刀，把那些微小、平凡、没有把握的希望完全剪去，即使有些事情已经稍具头绪或着手去做了，也要当机立断、忍痛割爱。

世上成千上万的失败者，并不是因为他们没有才干，实在应该归咎于他们不肯集中精力去做适当的工作，他们过于分散自己的精力，而且从未顿悟，如果把那些七零八碎的欲望一一消除，用自己所有的精力集中去培植一棵植物，那么它将来一定会令你惊讶地结出十分美丽丰硕的果子。

▶ 不要给自己留退路

在拳击台上，正在进行一场大战：彼特与基恩正为争夺拳王的金腰带而战。基恩最后获得胜利，兴奋不已，而彼特则垂头丧气。在戴上金腰带时，基恩说了一句话："作为拳手，最忌讳拖延不决，看准了就重重打过去是最好的选择。"的确，拳台上没有退路——不给拖延不决者留下一条逃脱之路！

人们往往会不自觉地犯这样的错误：在从事一项极为重要的事业时，他们往往先为自己预备好一条退路，以便在事情稍不顺时，能有一个逃生之所。但是每一个人都应有这样的认识：即便战争进行得非常激烈，如果还有一线退却之门为他而开，他是不会发挥自己的全部潜力的。只有在一切后退的希望都已断除的绝境中，才肯拼命奋战到底。

断绝自己的一切退路，将全部精力贯注在事业中，并抱有一种无论遇到任何阻碍都不向后退的决心，这样的精神是最难能可贵的。在遇到挫折时，正是因为缺乏坚忍的耐力而向后退，才使这世界多树立了千万个因放弃战斗而遭到挫败者的墓碑。

当恺撒率领他的军队在英国登陆时，他决意不给自己的部下留任何退路。他要让他的军士们明白，此次进攻英国，不是战胜，就是战死。为此，他当着士兵的面，把船只烧毁殆尽。拿破仑也一样，他能摒除一切会引起冲突的顾虑，具有在一瞬之间下最后决定的能力。

在现实中，有一类人在开始工作时，总是抱着必须取得成功的自信，拥有战胜一切危险的决心；还有一类人在动手之时，却缺乏明确的目标与志向，也没有那种无论如何必须获胜的坚强决心作后盾。很显然，这两类人的结果和境遇会有很大的差异。

最可怜可叹的是那些一直游荡、徘徊不定的人。他们也很想上进，但他们不能使自己像火石一般不屈不折地径直飞向目标，他们不曾拒绝自己的后路，他们不曾具有义无反顾的勇气。

当一个人将自己的全部精力贯注于自己生命的大目标时，在生命的利箭义无反顾地一直飞向自己的事业时，他就能产生一种无法抵御的力量。

当你能全神贯注于自己克服危机的目标，以至没有其他因素能使你消极时，你会看不见也遇不到那些目标不定、意志游移的人所遭遇的困难与阻碍。你坚毅的决心会吓退那些迷惑阻碍你心灵的魔鬼，从而克服许多困难与阻碍。怀疑与恐惧，在如此坚定的灵魂面前早已逃之夭夭。一切妨碍胜利的仇敌，被你扫荡干净是何等容易！

凡是那种怀着战胜一切危险的决心，抱着勇往直前气概的人，不但能引起他人的敬佩，并且能获得他人的景仰。因为人们知道，凡是拥有这种态度的人一般来说会成为一个胜利者。他如此自信、自负是有理由的，他一定意识到他有能力完成自己的任务。

对有志者而言，最大的对手就是拖延，直到现在仍然如此！

有人喜欢把重要的问题搁置一边，留待以后去解决，这实在是一种不良的习惯。假如你染上了这种习性，就应赶紧下大力气去练习一种敏捷而有决断力的本事。无论当前的问题多么严重，需要你瞻前顾后权衡利弊，也不要一直沉浸在拖延不决之中。

假使你仍然心存一种凡事慢慢来或干坏了再重新考虑的念头，你是注定要失败的。宁可让自己因果断的决定而犯下一千次错误，也不要姑息自己养成一种拖延不决的习惯。

一个有决断力的人在刚开始时不免会犯这样那样的错误，一旦他积累了经验以后就不会使那些错误重犯了。那些缺乏决断力的人，在解决每个问题时都想留有余地的人，他的一生将一事无成！

如果你能养成在最后一刻做出果断决定的习惯，你在做出决断时就一定能运用最聪明的判断力，如果你认为决定是可以伸缩的，不到最后一刻都是可以重新考虑的时候，你将永远无法养成正确可靠的判断力。

相反，一旦你能毫不迟疑地做出决定，并为你的决定断绝一切后路时，当你对自己所做出的任何一个不健全不成熟的判断感到痛苦不堪时，你对于自己所做的判断也一定会十分小心。这样，自然能使你的判断能力日趋进步。

▶ 别让完美主义成为拖延症的温床

《向前一步》一书中写道："现实是有局限性的，你不可能做到一切。完成，胜过完美。"日本企业家稻盛和夫也告诫每一位职场人士："莫让完美主义成为影响效率的敌人。"

很多人也许会有些疑惑，在工作中追求"完美"难道还有错吗？追求完美当然不是错，但如果完美主义阻碍我们去做事，那就大大有问题了。

在职场上，有些人自视甚高，觉得自己能力非凡，总给自己制定一个很大的目标，然而，这个目标是不切实际的，也是他们潜意识中无法接受的，所以他们会迟迟不肯投入工作中去，根本做不到专心致志地去做事；还有的人则是对自己要求太苛刻，太过注重细枝末节，总想着把一件事完成得多漂亮，筹谋太多，行动太晚，经常到了最后时刻才匆匆忙忙去做事，结果可想而知。

小晨是一个专栏作家，每次她在写文章的时候，都会在心里告诉自己，今天要完成至少两篇高质量的文章。可当她真的坐到电脑面前，打开文档时却发现，自己很难专注在写稿上，写了不到两行字，她就开始走神了，要么浏览网页新闻，逛逛淘宝店，要么抱着手机躺在床上追剧。

可她真的能尽兴地去做这些看似很休闲的事情吗？不能，她的眼睛虽然盯着新闻、淘宝店以及电视剧，但她的心却始终胶着在未完成的工作上。

然而，尽管玩也玩得不开心，根本起不到放松的作用，她还是不愿意专注地去写文章，她总是安慰自己，先玩会儿吧，等状态好了再去写。可无论她给自己找多少借口，在完成任务之前，她还是感到非常焦虑。

等到一天快要过去，她实在拖延不下去了，只能强迫自己坐在电脑面前。就这样，为了完成这两篇稿子，她每天都要熬夜到凌晨，稿子的质量也并不如自己想象中的那般完美。这种事情发生的次数多了，她对写稿很快就产生了强烈的畏难情绪，越是畏难，就越是拖延，而越是拖延，就越是焦虑、痛苦。

后来，在一位朋友的提醒下，小晨才知道，自己之所以无法专注地去工作，无法把工作做好，是因为她的性格太苛求完美了。

明白了这点后，小晨就再也不给自己设定太过严苛的目标了，没有了这种压力后，她写稿变得越来越专注，以前达不成的目标，现在反而能达成了。

我们之前提到过"要么不做，要做就要做得最好"的工作理念，旨在让所有人用心对待工作，不要敷衍了事，它跟"防止完美主义成为效率的大敌"并不矛盾。

要知道，在职场上，很多人的完美主义都是一种妄想中的完美，完全不切实际，如果长期坚持这种错误的完美主义，只会让他们像故事中的小晨一样，无法集中注意力去工作，到最后，时间浪费了，工作还是做不好。

心理学家戴维·伯恩斯说过："那些获得较高成就的人往往不是倔强的完美主义者。那些冠军运动员、获得非凡成功的生意人以及诺贝尔奖科学家，他们都知道自己有的时候会犯错误，有的时候会度过难挨的一天，还有的时候会由于表现不佳而遭受短暂的挫折。虽然他们在为一些远大的目标而奋斗，但是他们也能够容忍有时不能达成这些目标时的挫折和失望。他们知道自己能够继续努力、改善工作。"

是的，一个人只有知道自己的局限，才会原谅自己的局限，包容自己的局限，才会根据自己的局限设定合理的目标，最后向着自己的目标不断奋斗，前进。

举个简单的例子，我们若想减肥，就不要奢望自己能在短短的一周内改善自己的体型，而是要根据自己的实际情况设定计划，多给自己一点时间，然后带着放松的心情去执行计划，最后达到自己的目标。

工作也是如此。身为员工，我们要想高效、高质量地完成工作，就要摒弃错误的完美主义心态，只有这样我们才能专注于工作，取得优异的成绩，收获成功。

❯ 休息好有助提高专注力

一位女士因为特别喜欢一双鞋，便天天穿，于是不到半年，鞋子就磨坏了。她拿去修补时，鞋匠看了看皮鞋说："这鞋子确实不错！但由于你天天穿，它的皮革和材质没有得到适当的休息，就会使鞋子折寿。以后你要买鞋子，最好同时买两双，然后两双鞋子交替着穿。若每双鞋子隔一天才穿，那么每双鞋子至少可穿上两年。"

修鞋匠一边修，一边与女士聊天，他说："我过去在农村种田，当过农民种过田的人都知道，不能在同一块土地上，年复一年种植同样的农作物。如果今年种玉米，明年就改种豆类，因为玉米会从土壤里吸收某种养分，必须靠种豆类把养分带回来或者让它们吸取另外的养分。等到养分完全恢复过来，下次再种植的时候，必然会有很好的收成。"

鞋子需要休息才能延长寿命，土地需要休养才能变得肥沃，而人需要休息才能更专注于工作。

相信很多人都听过一句话——体力是努力的上限，这句话很清楚地道出了体力跟事业的关系。在职场上，人们的每一种能力、每一种精神的充分发挥以及整个工作效率的增加，都要赖于机能的健全和体力的强壮。

约翰·洛克菲勒保持着两项惊人的纪录，他赚了世界上数量最多的钱财，而且还活到了98岁。原因在于他的两点秘诀。

他这两点秘诀是什么呢？

很简单，一个是遗传，他们家中世代长寿；另一个原因就是他每天中午都要在办公室里睡上半小时的午觉，他就躺在办公室的大沙发上，这时不论是什么重要人物打来的电话，他都不接。

第二次世界大战期间，丘吉尔执政英国的时候已经六七十岁了，但却能每天工作16小时，坚持数年指挥英国作战。他的秘密又在哪里呢？

他每天早晨在床上工作到11点，看报告、发布命令、打电话，甚至在床上举行重要会议，吃过午饭后，再上床午睡一小时。而在晚上8点钟的晚饭前，还要上床去睡上两小时。正是由于这种间断性的经常休息，他才有足够的精神一直工作到深夜。

可以看到，在繁忙的工作之余，一个人如果能劳逸结合，适当地休息，那事后将精神抖擞，提高注意力，心无旁骛地继续将事情做好。

没错，休息就是为了更好地工作，在我们身边，很多人之所以工作效率低下，一事无成，就是因为他们不懂得休息，总是透支自己的精力，导致自己疲劳萎靡、活力低微、神经衰弱、注意力涣散，无法在工作中发挥自己全部的力量。

有这样一个故事。

有三条毛毛虫经过长途跋涉，最后来到目的地的对岸。

当它们爬上河堤，准备过河到开满鲜花的对面去的时候，一条毛毛虫说，我们必须先找桥，然后从桥上爬过去。另一条说，我们还是造一条船，从水上漂过去。最后那条说，我们走了那么远的路，已经疲惫不堪了，应该停下来先休息两天。

第七章 专注助你不再拖延

听了这话，另外两条毛毛虫感到很诧异：休息，简直是天大的笑话！没看到对岸花丛中的蜜快被喝光了吗？我们一路风风火火，马不停蹄，难道是来这儿睡觉的？

话未说完，一条毛毛虫已开始爬树，准备摘一片树叶做船。另一条则爬上河堤的一条小路去寻找一座过河的桥，而剩下的一条则爬上最高的一棵树，找了片叶子躺下来美美地睡着了。

一觉醒来，睡觉的毛毛虫发现自己变成了一只美丽的蝴蝶，翅膀扇动了几下就轻松过河。此时，一起来的两个伙伴，一条累死在路上，另一条则被河水送进了大海。

随着疲劳的增加，人的注意力就会越来越不集中，工作效率也会相应地降低，这个时候，如果我们勉强自己继续前行，就只会落得个跟故事中的那两条马不停蹄执意过河的毛毛虫一样的悲惨结局。

众所周知，聪明的将军，绝不会在军士疲乏、士气不振时，率领他们去攻打敌人，他一定会秣马厉兵，充足给养，然后才肯率军前去应战。所以，我们一定要学会休息，休息好才能专心工作，才能高效完成任务。

电信行业高峰会议正在加州的一处度假村举行。每到会议休息时间，一些公司的老总便回到自己的房间，不是和助手商议方案，就是研究其他公司的资料，忙得团团转。

然而，令所有人惊奇的是，一到会议休息时间，环球电信公司的老总亨得利则总是独自一个人迈出会议室，或是沿着度假村的忘忧湖散步，或是到花园中欣赏奇花异草。

刚开始，有的老总还以为亨得利不重视这次峰会，或是贪恋山水美景，而忘了自己公司发展的大事。可出人意料的是，每次会议上发言时，亨得利却当仁不让，他思路敏捷，精力旺盛，侃侃而谈，一直是整个峰会的焦点人物。

会议结束时，有位老总好奇地问他说："平时总见你漫不经心、游手好闲似的，可一到会议时，你就精神百倍，咄咄逼人，你是不是吃了什么灵丹妙药？"

"是的，我的确是吃了灵丹妙药，但我吃的灵丹妙药就是忙中偷闲，去散步，去赏花，在这段时间里我的大脑得到了很好的休息，因此，这会议我是越开越精神呀！"

亨得利说得很对，忙中偷闲确实能让人更有精神，所以，会休息是一种能力，它是一个人自身实力的一部分，同时也是慰藉心灵、排遣压力，让人迅速回血的最佳法宝。不知道大家有没有发现，将"忙"字拆开了，就是"心亡"，由此可见，忙碌而不休息，除了伤害身体外，没有任何益处。

常言道，磨刀不误砍柴工，对于我们每一个人来说，防止疲劳、减轻压力的办法就是高质量的休息，只有休息好，我们工作起来才会更加专注，我们做事的效率才会逐步提高，做事的成果才会更加优质，职场前途才会更加光明。

❱ 持之以恒地完成每件事

那些具有自我放弃性格的人总是在等待奇迹发生，其实这是错误的，你不能等待奇迹发生时才开始实践你的梦想。自弃者最大的性格特点是缺乏持之以恒的精神，总是处于懈怠的状态。与之相反，成功性格的第一条守则就是：开始行动，向目标前进！第二条守则是：每天持续行动，不断地向前进！

不要等待奇迹发生时才要开始实践你的梦想，今天就开始行动！对肥胖的人来说，每天散散步也许是件没什么大不了的事，但是一旦付诸实行后，这就是一件大成就，何况，散步的确会让你的体重下降。你现在就可以开始行动，朝着理想大步迈进。

行动的步骤应该有哪些？把它们一一列出来，然后，开始逐项实行。今天马上行动！明天也不能懈怠！每天都要持续行动，起步向前走！

如何阻止自弃的性格在你的身上发生呢？当你要扩展销售业绩，你的行动项目就应当包括增加打电话的次数。如果你只打了几个电话，应该再多打几个，设定每天的目标，并且遵守它。

如果你想转换工作，需要接受职业教育训练，马上报名参加、缴学费、买书、上课，并且认真做功课。

如果你想学油画，先找到适合你的老师．购买需要的画具，然后开始练习作画。如果你想要旅行，到旅行社询问行程的安排，立刻着手规划。

无论你的目标或梦想是什么，你今天就可以开始行动，并且遵循不懈！

不管读书或做事，每个人都想干个名堂出来，但是，往往却缺乏恒心，结果只有落个"还是不成"的失望下场。你在日常生活里，难道没有一件事情能持之以恒地干下去吗？不管再细微的事情也罢，或者即使本人没有刻意打算每天做下去也罢，反正只要有一件事情就行了。如果能找到一件使你耐心做下去的事，那就有挽回生机的希望。

每一个人每天总会持续做许多相同的事情，即使在早晨的时间内，每天都会不厌其烦地以同样的方法洗脸、吃饭、梳头。如果情况允许，不妨规定在一段时间内，努力完成一件事情。

当你正在做事的过程中，生活上自然会产生一种和谐的节奏，反之，如果不做事的话，心里反而会感觉不踏实。不过，必须要注意的是，千万不能把它看得过于沉重，而要只把它看作今天的本分，明天可以暂且不顾，做一天算一天。

如能持之以恒地完成一件事，在这种性格的支配下，一定会把无恒心或没耐心的性格一扫而光。

责任感让你更专注

人们常说,一个人做一件好事并不难,难的是一辈子做好事。其实,工作也是这么一个理儿,我们都有对工作负责的时候,但是很少有人能做到每时每刻都对工作负责。相信很多人都有过这样的经历,领导在的时候,我们挺起腰杆,专心致志地工作;领导不在的时候,我们驼背弯腰,心神涣散地工作。

归根结底,之所以会有这两种截然不同的工作状态,完全是因为我们对自己的岗位还不够负责,也就是说,没有做到在岗1分钟,尽责60秒。

很显然,一个人如果做不到随时对自己的岗位负责,那他肯定没有办法保证在工作中不出现差错,最后自然也就无法向领导上交一份完美的答卷。从短期来看,他的失职会给公司带来或大或小的损失,而从长远来看,他的失职则很有可能让他丢掉自己赖以为生的饭碗,并最终与事业上的成功擦肩而过。

我们来看这样一个故事:

有三个人到一家建筑公司应聘设计师,经过一轮又一轮的考试,最后他们从众多的求职者当中脱颖而出。公司的人力资源部经理对他们说了一句"恭喜你们",然后就将他们带到了一处工地。

工地上有三堆散落的红砖，乱七八糟地摆放着。人力资源部经理告诉他们，每人负责一堆，将红砖整齐地码成一个方垛，说完他就在三个人疑惑的目光中离开了工地。这个时候，甲对乙说："我们不是已经被录用了吗？为什么将我们带到这里？"乙对丙说："我可不是应聘这样的职位，经理是不是搞错了？"丙说："不要问为什么了，既然让我们做，那我们就做吧。"然后就带头干起来。

甲和乙同时看了看丙，只好跟着干了起来。还没完成一半，甲和乙明显放慢了速度，甲说："经理已经离开了，我们歇会儿吧。"乙跟着停下来，丙却一直保持着跟之前一样的工作节奏。

人力资源部经理回来的时候，丙只剩十几块砖就全部码齐了，而甲和乙只完成了1/3的工作量。经理对他们说："下班时间到了，你们先歇会吧，下午接着干。"甲和乙如释重负地扔掉了手中的砖，而丙却坚持将最后的十几块砖码齐。

回到公司，人力资源部经理郑重地对他们说："这次公司只聘用一位设计师，获得这一职位的是丙。至于甲和乙，你们回去不妨想一下这次落聘的原因。"

不难发现，甲和乙之所以会落聘，是因为他们缺乏对工作的责任感，在接到上级交给他们的任务后，一开始他们就心存抱怨和疑虑，不愿意立即投入工作中去，紧接着等经理离开后，他们又开始藏奸耍滑，消极怠工。

而丙却自始至终表现出了强烈的责任感，在整个过程中，他一直心无旁骛地工作，可以说是尽职尽责，没有丝毫的懈怠。毫无疑问，丙表现出来的正是一种"在岗1分钟，尽责60秒"的对工作高度负责的精神，这样的员工当然是每家公司都渴望得到的。

像丙这样对工作高度负责的员工，根本用不着领导时刻在场监督、叮嘱和安排，他们自会在每一个工作环节中力求完美，保质保量地完成计划或任务。

比尔·盖茨曾对他的员工说："人可以不伟大，但不可以没有责任心。"所以，微软一直都非常重视对员工责任感的培养，责任感也因此成为微软招聘员工的重要标准之一。

总之，一个人若想将自己的本职工作做到位，首先就必须学会任何时候都要对自己的岗位负责。不管做什么事情，只要我们还在这个岗位上，哪怕是最后一秒钟，我们都要竭尽全力，对工作负责到底。

有一天，一群男孩在公园里做游戏。在这个游戏中，有人扮演将军，有人扮演上校，也有人扮演普通的士兵。有个"倒霉"的小男孩抽到了士兵的角色，他要接受所有长官的命令，而且要按照命令丝毫不差地完成任务。

"现在，我命令你去那个堡垒旁边站岗，没有我的命令不准离开。"扮演上校的亚历山大指着公园里的垃圾房神气地对小男孩说道。"是的，长官。"小男孩快速、清脆地答道。接着，"长官"们离开现场，小男孩来到了垃圾房旁边，开始立正，站岗。

时间一分一秒地过去了，小男孩的双腿开始发酸，双手开始无力，天色也渐渐暗下来，却还不见"长官"们来解除任务。

此时，一个路人经过，说公园里已经没有人了，劝小男孩回家。可是倔强的小男孩不肯答应。"不行，这是我的任务，我不能离开。"小男孩坚定地回答道。"那好吧。"路人拿这位倔强的小家伙没有办法，

"希望明天早上到公园散步的时候，还能见到你，到时我一定跟你说声'早上好'。"他开玩笑地说道。

听完这句话，小男孩开始觉得事情有些不对劲，他心想，也许小伙伴们真的回家了。于是，他向路人求助道："其实，我很想知道我的长官现在在哪里？你能不能帮我找到他们，让他们来给我解除任务。"路人答应了。

过了一会儿，他带来了一个不太好的消息：公园里没有一个小孩子。更糟糕的是，再过10分钟这里就要关门了。小男孩开始着急了，他很想离开，但是没有得到离开的准许。难道他要在公园里一直待到天亮吗？

正在这时，一位军官走了过来，他了解完情况后，立马脱去身上的大衣，亮出自己的军装和军衔。接着，他以上校的身份郑重地向小男孩下命令，让其结束任务，离开岗位。回到家后，他告诉自己的夫人："这个孩子长大以后一定是名出色的军人。他对工作岗位的责任意识让我震惊。"

军官的话一点也没错。多年以后，小男孩果然成了一位赫赫有名的军队领袖，他就是美国著名军事家、陆军五星上将——奥马尔·纳尔逊·布莱德雷。

坚守岗位，完成任务，这就是我们所说的岗位责任。这种每时每刻都对岗位负责的精神，可以决定我们日后事业上的成功与失败。只有拿出像故事中布莱德雷将军那样对所在岗位尽职尽责的态度，我们才能激发自己全部的潜能，向工作发起强有力的进攻，直至顺利圆满地完成手头上的任务。

在岗1分钟，尽责60秒，这话说起来简单，做起来却无比艰难，但越是艰难，我们也越是能洞见责任之于工作的重要性。要知道，没有责任感的士兵不是合格的士兵，没有责任感的员工不是优秀的员工，责任意识会让我们在岗位上表现得更加卓越。

所以，面对工作，我们务必要时刻保持着高度的责任感，带着火焰般的热情将自己的工作做到位。

▶ 适当保持紧张感

一个人的精神能否集中，除了他本人的能力之外，也受到工作的内容以及工作环境的左右。

但可以肯定的是，谁也无法长时间保持精神的集中。不论是工作或娱乐，一个人能够集中精神做事的时间绝对是有限的。

如果能了解自己集中精神做事的最高时限，有助于工作效率的提升。因为清楚自己的最高时限，就不会无意义地把工作延长至三四个小时。因为你知道勉强延长工作的时间，只是徒增体力、脑力的负担，没有工作效率可言。

如果你的最大时限是90分钟的话，那么不妨就在每90分钟以后都做个休息。休息是为了走更远的路，在适度的充电之后，更能提高工作效率。即使你的最大时限只有20分钟也无妨，只要能发挥最大的工作效率就可以。

此外，适度地变换工作内容也有助于效率的提升。数学做累了，可以改念历史。书写的工作做累了，可以改成阅读资料。变换的内容虽然因人而异，但最重要的是记住"不可能永远保持精力集中"的原则，为保持工作效率，稍微费心于工作内容的求新与求变才行。

其实"紧张"的另一层意思就是"投入"。原始时代的人类在受到猛兽追逐的时候，常常心跳加速、手心出汗拼命地逃跑，以致能攀爬上树顶躲避野兽的攻击。换句话说，"紧张"是下个行动的准备动作，如果不紧张，就无法使出浑身解数逃脱。所以，"紧张"是当时的人们求生存不可或缺的本能。

这样的"紧张效果"不仅在原始时代发挥作用，即使是现代人也不可或缺，因为紧张的情绪会激发精神的集中，使得思维清晰、活跃起来。所以，紧张是正常的精神反应，是在明了所面对的问题的重要性之后，产生出来的正常反射。

所以，面临重大考试却一点也不紧张，若无其事，并非好事。因为，没有紧张就没有警戒心，事情往往容易出差错。当然，过分的情绪反应，紧张得什么事情也做不了的话，比不紧张更糟糕。但适度的紧张情绪，绝对有必要。

▶ 对初心始终全力以赴

有这么一个故事：三只猎狗追一只土拨鼠，土拨鼠钻进了一个树洞。这只树洞只有一个出口，不一会儿，从树洞里钻出一只兔子。兔子飞快地向前跑，并爬上一棵大树。兔子在树上，仓皇中没站稳，掉了下来，砸晕了正仰头看的三只猎狗，最后，兔子终于逃脱了。

故事讲完了，有这样一个问题："这个故事合乎常理吗？"

当然，我会想到你有这么几个答案：

"兔子不会爬树。"

"一只兔子不可能同时砸晕三只猎狗。"

当你再找不出问题的时候，你有没有想到还有一个问题，"土拨鼠哪里去了？"

在追求人生目标的过程中，我们有时也会被途中的细枝末节和一些毫无意义的琐事分散精力，扰乱视线，以致中途停顿下来，或是走上岔路，而放弃了自己原先追求的目标。

不要忘了时刻提醒自己，土拨鼠哪去了？自己心目中的目标哪去了？

这就好像我们，总是在漫不经心地经营我们的生活，总是等待反应而不做出行动，而让做出来的事情不太完美。

生活中有时候问题的根源在于，我们都没有全力以赴地去做我们该做的工作。直到看到自己的成品，我们才感到震惊！如果之前就知道，自己会生活在自己的创造品下，就不会这样了。

责任是最足以发挥我们力量的东西。从来没有站在负责任的地位的人，决不能发挥他们全部的力量。

责任心本是一个虚拟而无时不在的东西，在全社会大力宣扬"职业精神"的今天，将工作责任心与生存联系在一起并非危言耸听。如果你有足够的责任心，全力以赴你的目标，那么你一定会实现它。

CHAPTER 08

第八章

做好时间管理，彻底战胜拖延

　　克服拖延的习惯，要善于对你的时间进行管理。要充分认识到时间的价值，充分珍惜时间与利用时间，而不能把时间浪费在一些无关紧要的事情上。要懂得赢得时间，与时间赛跑，走在时间的前面。

　　要把自己有限的时间用在刀刃上，集中时间去做最紧要的事情，切不可平均分配你的时间。同时，要充分珍惜时间，切不可让它白白溜掉，让事情拖而不决，丧失成功的机遇。

高效率宝典：时间管理技巧

▶ 重视时间的价值

　　在富兰克林报社前面的商店里，一位犹豫了将近一小时的男人终于开口问店员了："这本书多少钱？"

　　"1美元。"店员回答。

　　"1美元？"这人又问，"你能不能少要点？"

　　"它的价格就是1美元。"没有别的回答。这位顾客又看了一会儿，然后问："富兰克林先生在吗？"

　　"在，"店员回答，"他在印刷室忙着呢。"

　　"那好，我要见见他。"这个人坚持一定要见富兰克林，于是，富兰克林被找了出来。

　　这个人问："富兰克林先生，这本书的最低价格是多少？"

　　"1.25美元。"富兰克林不假思索地回答。

　　"1.25美元？你的店员刚才还说1美元1本呢！"

　　"这没错，"富兰克林说，"但是，我情愿倒给你1美元也不愿意离

第八章 做好时间管理，彻底战胜拖延

开我的工作。"

这位顾客惊异了。他心想，算了，结束这场自己引起的谈判吧，他说："好，这样，你说这本书最少要多少钱吧。"

"1.5美元。"

"又变成1.5美元？你刚才不还说1.25美元吗？"

"对。"富兰克林冷冷地说，"我现在能出的最好价钱就是1.5美元。"这人默默地把钱放到柜台上，拿起书出去了。这位著名的物理学家和政治家给他上了终生难忘的一课：对于有志者，时间就是金钱。

如果你热爱生命，那么别浪费时间，因为时间是组成生命的材料。记住，时间就是金钱。假如说，一个每天能挣200元的人，玩了半天，或躺在沙发上消磨了半天，他以为他在娱乐上仅仅花了6元钱而已。不对！他还失掉了他本可以获得的200元。

记住，金钱就其本身来说，绝不是不能升值的。钱能生钱，而且它的"子孙"还会有更多的"子孙"。如果谁毁掉了最初的钱，那就是毁掉了它所能产生的一切，也就是说，毁掉了一座财富之山。

这是为成功学大师所普遍推崇的思想家本杰明·富兰克林的一段名言。它通俗而又直接地阐释了这样一个道理：如果想成功，必须重视时间的价值。

拿破仑·希尔指出：利用好时间是非常重要的，一天的时间如果不好好规划一下，就会白白浪费掉，就会消失得无影无踪，我们就会一无所成。经验表明，成功与失败的界线在于怎样分配时间，怎样安排时间。人们往往认为，这儿几分钟，那儿几小时没什么用，但事实上它们的作用很大。

大部分的人总是在抱怨他们的时间不够多，事情做不完。

对每个成功的人来说，时间管理是很重要的一环。时间是最重要的资产，每一分每一秒逝去之后再也不会回头。如何有效地利用你的时间呢？

大家一天要浪费几个小时呢？如果真想知道，不妨来做一个实验。首先，找一份记事历，把每一天划分成3个小时的区域。然后再把每个小时划成60分钟的小格。在这整个星期里面，随时把所做的事情记录在划分的表格中，连续记录一个星期试试看，再回头来检查一下记事历，就会发现，由于拖延和管理不良，浪费了多少宝贵的光阴。

当人们了解到该如何在使用时间之后，再回头重做一次实验。这一次多用点心来计划时间，把需要做及想要做的事仔细安排进你的时间表，再看着效率是否会高一点。

记住一件事，时间所拥有的价值远不止我们所看到的那么多。

▶ 守时者才能成大事

执行力强的人不会为了昨天的失去念念不忘、耿耿于怀，也不会为明天的美丽意气风发、热血沸腾。因为，昨天已经过去，明天无法预知，只有今天真正属于成功的人。他们会珍惜过好每一个今天，不浪费今天去追忆昨天、幻想明天，那么到达生命终点时，他们的人生也毫无

第八章 做好时间管理，彻底战胜拖延

遗憾。

时间并不能像金钱一样可贮存起来以备不时之需。我们所能够使用的只有被给予的那一瞬间，也就是今天、现在。因此，抓住每一个今天，你就抓住了全部。一位电台主持人对"只有今天"的技巧和意义有着深刻的亲身体会：

一个不拖延的人不会感觉自己意志薄弱而且缺乏勇气，从不会对自己失去了信心。争气的人往往会在日志上写道："就在今天，你也可以成为你现在所处环境的朋友。"意志薄弱、没有信心、感到厌烦等情绪问题都不必去理它，明天早上一觉醒来就用冷水摩擦你的脸。不要记挂明天、后天的事。只要好好地充实"今天"，这点应该很容易做得到。只要你切身实行"仅仅今天"，那么一切都会改变。冷水摩擦对于身心两方面都具有强化的效果。

做到这点，将这个"仅仅今天"的概念广泛运用在日常生活中。诸如痛苦、病痛、厌恶的事也只要在"仅仅今天"忍耐而已。明天可能无法忍耐，但是起码在"仅仅今天"已经忍耐过去了。

执行力强的人认为"无须为明日烦恼忧虑，只需全力以赴地生活在今天"的方式生活做事，对我们的人生可以产生难以估计的力量。

昨天是一张作废的支票，明天是尚未兑现的期票，只有今天是现金，有流通性的价值之物。如果不抓住今天，所有的希望都会消磨，在懒散消沉中流逝。

再说，与其费尽心思把今天可以完成的任务拖到明天，还不如用这些精力把工作做完。任务拖得越后就越难完成，做事的态度就越是勉强。今天能完成的工作，被推迟几天或几个星期后，就会变成负担。

在收到信件时没有马上回复，以后再捡起来回信就不那么容易了。许多大公司都有这样的制度：所有信件都必须当天回复。只有今天，更近一步来说，就是珍惜现在的每分每秒。并且，珍惜时间并不只是珍惜你自己的时间，更意味着你也要珍惜别人的时间。

"一个人如果根本不在乎别人的时间，"贺拉斯·格里利说，"这和偷别人的钱有什么两样呢？浪费别人的一小时和偷走别人五美元有什么不同呢？况且，很多人工作一小时的价值比五美元要多得多。"

华盛顿下午四点钟吃饭，有时候应邀到白宫吃饭的国会新成员迟到了，这个时候华盛顿就会自顾自地吃饭而不理睬他们，这使他们感到很尴尬。华盛顿经常这样说："我的表从来不问客人有没有到，它只问时间有没有到。"他的秘书找借口说，自己迟到的原因是表慢了。华盛顿回答说："那么，或者你换块新表，或者我换个新秘书。"

有一次，拿破仑请元帅们和他共进晚餐，他们没有在约定的时间到达，他就旁若无人地先吃起来。他吃完刚刚站起来时，那些人来了。拿破仑说："先生们，现在就餐时间已经结束，我们开始下一步工作吧。"

昆西·亚当斯也从不拖延。议院开会时，看到亚当斯先生入座，主持人就知道该向大家宣布各就各位，开始开会了。有一次发生了这样一件事，主持人宣布就座时，有人说："时间还没到，因为亚当斯先生还没来呢。"结果发现是议会的钟快了三分。三分钟后，亚当斯先生像往常一样准时到达。

所以，执行力强的人会在每天太阳落山的时候，勇敢地拍着胸脯自豪地说："今天，我没有白过。"于是，他们真的把握住了今天。

我们要走出昨天的误区，把握今天的时光。这样才能弥补昨天，充实明天。因此，那些还徘徊在今天和明天的人，那些把今天的任务塞给明天的人，如果想在明天干出一番大事业，成就更好的自我，把握住今天才是最好的选择。

▶ 科学管理时间是成功的关键

一个人要取得成功，科学地进行时间管理是特别重要的因素，如果我们想要成功，就必须管理好自己的时间。

要把时间管理好，最重要的就是做好以结果为导向的目标管理。

你要明确现在对时间的心理概念是怎样的，你要有把事情做好、时间管理好的强烈欲望，并决定达成做好时间管理的目标。时间管理是一种技巧，观念与行为有一段差距，必须经常地去演练，才能养成良好的习惯，不断坚持直到运用自如。

只有把时间管理好，才能够达到自我理想，建立自我形象，进一步提升自我价值。每个人若能每天节省2小时，一周就至少能节省10小时，一年节省500小时，生产力就能提高25%以上。每一个人皆拥有一天24小时，而成功的人单位时间的生产力则明显比一般人高。

你要明确，要成就一件事情，一定要以目标为导向，才会把事情做好，把握现在，专注在今天，每一分每一秒都要好好把握。想要作一个工作高手，有两个关键：第一就是工作表现，要有能力去完成工作，而非只强调其努力与否；第二是重视结果，凡事一定要以结果为导向，做出成果来。时间管理好，能让人更满足、更快乐、赚取更多的财富、提升自我价值。

现在来看一下你的时间是如何使用的。

记录自己的时间目的在于知道自己的时间是如何使用的。为此，要记录时间的使用情况。用精力最好的时间干最重要的事。精力最好的时间，因人而异。每个人都应该掌握自己的生活规律，把自己精力最充沛的时间集中起来，专心去处理最费精力、最重要的工作，否则，常常把最有效的时间切割成无用的或者低效率的零碎时间。

试着找到无效的时间，首先应该确定哪些事根本不必做，哪些事做了也是白费功夫。凡发现这类事情，应立即停止这项工作，或者明确应该由别人干的工作，包括不必由你干，或别人干比你更合适的，则交给别人去干。还要检查自己是否有浪费别人时间的行为，如有，也应立即停止。消除浪费的时间，因为时间毕竟是个常数，人的精力总是有限的。

分析一下自己的时间都用到哪里去了，是时间管理的第一步。惠普公司总裁柏拉特把自己的时间划分得很好。他花20%的时间和客户沟通，35%的时间用在会议上，10%的时间用在打电话上，5%的时间用来看公文。

剩下来的时间，他花在一些和公司无直接关系，但间接对公司有利的活动上。当然，每天也留一些空当时间来处理偶然发生的情况，例如接受新闻界的访问等。这是他与他的时间管理顾问仔细研究讨论后得出的最佳安排。

对照一下你是否有时间管理不良的征兆？看看你是否有以下这些问题。

（1）你是否同时进行着许多个工作方案，但似乎无法全部完成？

（2）你是否因顾虑其他的事而无法集中心力来做目前该做的事？

（3）如果工作被中断你会特别震怒？

（4）你是否每夜回家的时候累得精疲力竭却又觉得好像没做完什么事？

（5）你是否觉得老是没有什么时间做运动或休闲，甚至只是随便玩玩也没空？

对这些问题，只要有两个回答是"是"的话，那么你的时间管理就出了问题。

有效的个人时间管理必须对生活的目的加以确立。先去"面对"并"发现"自己生活的目标在何处，问问自己："为什么而忙？""到底想要实现什么？完成什么？"问自己这些问题也不是挺舒服的事，但对自己的生活颇有启发作用。接下来应要求自己"凡事务必求其完成"，未完成的工作，第二天又回到你的桌上，要你去修改、增订，因此工作就得再做一次。

你是否了解下面一些时间管理的原则呢？

（1）设定工作及生活目标，排好优先次序并照此执行。

（2）每天把要做的事列出一张清单。

（3）停下来想一下现在做什么事最能有效地利用时间，然后立即去做。

（4）不做无意义的事。

（5）做事力求完成。

（6）立即行动，不可等待、拖延。

制定合理的目标，并科学的管理完成目标时间，成功就是你的了。

▶ 最重要的事情最先做

我们都知道，每个人的一天都有无数的事情需要去处理，在这种情况下，我们若想提高自己的做事效率，就必须学会管理时间，绝不能眉毛胡子一把抓，东一榔头，西一棒子，也不能光做不要紧的小事，最后却把重要的大事给耽误了。

一天，一位时间管理专家为一群商学院的学生讲课。他现场做了演示，给学生们留下了一生都难以磨灭的印象。

站在那些高智商高学历的学生前面，他说："我们来做个小测验。"说完，他拿出一个一加仑的广口瓶放在他面前的桌上。

随后，他取出一堆石块，仔细地一块放进玻璃瓶。直到石块高出瓶口，再也放不下了，他问道："瓶子满了吗？"所有学生应道："满了！"

时间管理专家反问："真的？"他伸手从桌下拿出一桶砾石，倒了一些进去，并敲击玻璃瓶壁使砾石填满下面石块的间隙。

"现在瓶子满了吗？"他第二次问道。但这一次学生有些明白了。

"可能还没有。"一位学生应道。

"很好！"专家说。他伸手从桌下拿出一桶沙子，开始慢慢倒进玻璃瓶。沙子填满了石块和砾石的所有间隙。

他又一次问学生："瓶子满了吗？"

"没满！"学生们大声说。

他再一次说："很好！"然后，他拿过一壶水倒进玻璃瓶直到水面与瓶口齐平，抬头看着学生，问道："这个例子说明什么？"

一个心急的学生举手发言："无论你的时间表多么紧凑，如果你确实努力，你可以做更多的事情！"

"不！"时间管理专家说，"那不是它真正的意思，这个例子告诉我们：如果你不是先放大石块，那你就再也不能把它放进瓶子了。那么，什么是你生命中的大石块呢？与你爱的人共度时光，你的信仰、教育、梦想。记住，先去处理这些大石块，否则，一辈子你都不能做了！"

在工作中，我们所要做的事情大致可以分为四类，第一类是既重要又紧急的事情，如马上要解决的紧急问题；第二类是重要但不紧急的事情，如一些计划与规划；第三类是紧急但不重要的事情，如某些一定要开但没有什么意义的会议；第四类是既不重要也不紧急的事情，如一些不必要的杂事。

很显然，第一类事情是我们要优先处理的，它就是我们生命中的大石块，我们必须带着专注心去完成它，如此才不会浪费宝贵的时间，才能将它做好。

作家史蒂芬·金在《写作这回事：创作生涯回忆录》一书中，曾这样形容自己的工作："我的日程安排得很清晰——上午用来处理新事务，比如撰写文章；下午用来打盹儿和写信；晚上用来读书、和家人在一起、玩游戏、做些工作上紧急的修改。基本上，上午是我最重要的写作时间。"

不难发现，对史蒂芬·金来说，写作是他生命中最重要的事情，因此，他把它排在第一位，正如美国学者亚历山大·格雷厄姆·贝尔所说："你应把注意力集中在手头的工作上。阳光只有汇聚到一点，才能燃起火焰。"为了完成自己的写作计划，史蒂芬·金确实付出了足够的精力和时间。

当然，史蒂芬·金对待写作这一事业的专心致志也给他带来了丰厚的回报，现在的他已经是全球知名的作家、电影导演和制片人，他的小说《肖申克的救赎》被改编成电影后，一直备受观众的欢迎和喜爱。

综上所述，我们若想在职场上实现自己的个人价值，就要带着专注心去工作，牢记要事优先的原则，将注意力集中在最重要的事情上，一直保持心无旁骛的工作状态，认真、用心地将工作做到完美。

▶ 珍惜时间，不做无意义的事

不要浪费时间。它的含义是说不要因为睡觉、玩耍、闲逛等没有价值的事，过多地使用时间。但还有更重要的一点是说不要做没有结果的事情。没有结果的事就是不值得做的事情。

做不值得做的事情，会让自己误认为完成了某件有意义的事情，从而心安理得；做不值得做的事情，会消耗自己做有价值的事情的时间；做不值得的事情，就是浪费自己的生命。

而对于想做一件事情，一直做不出名堂的人来说，拿破仑·希尔的观点是，如果一开始没成功，再试一次还不成功就该放弃，愚蠢的坚持毫无益处。

琐碎而无价值的工作指的是一些不重要的任务或工作。它消磨你的精力和时间，因此你不能处理更为重要且紧急的工作。琐碎无价值的工作可能是将文件归档、清理办公室抽屉、日常文书工作或者没有紧迫任务时，任何人都可以做的那种工作。

那么，怎样才能不做不值得做的事呢？

作为管理人员你可以在你的办公桌前放一块字牌："任何时候，只要可能，我必须做最有效的事情。"以此，尽可能减少琐碎无价值的工作。当你开始做琐碎工作，作为拖延重要工作的借口时，看看卡片就知道自己又在浪费时间了。

当你陷入琐碎工作中时，一定要自我反省。问问自己：你现在的动作是否接近最优先考虑的事情。如果不是，就终止它们，并着手重要的事项。让自己变成现代的时间驾驭者，减少例行公事。并多参与困难的决策和计划。如此一来，你就会增加自身的价值和晋升的机会。

有人把浪费自己的生命，同时也耽误别人时间的人，叫作"时间大盗"。这种比喻尽管有点不留情面，但是，无缘无故耽误别人的时间，也确实可恶。不管你有多忙，恨不得把一分钟当作两分钟来用，有些人还是三天两头给你打电话，或不断找上门来让你帮忙，甚至到你家中没完没了地坐着聊天，或约你去吃饭、喝酒、娱乐……

为了取得成功，坚定自己的信念，不做不值得做的事情。

❯ 精确计算你的时间

要想赢得时间，首先必须清楚时间是怎样被耗费的。而要想知道时间的耗费情况，又必须先记录时间。

我们应该养成勤于记录时间消耗的习惯，就是在做完一件事之后，立即记录下所耗费的时间，每天一小结，连续记一周、两周或一个月，然后进行一次总体分析，看看自己的时间究竟用到什么地方，从中找出浪费时间的原因。

专家研究证明，凡是这样做的人，对节省时间、提高效率，收效甚大。

现在人们常常把"应该"花费的时间，看成实际已经花费的时间，而这两者往往是不相等的两个量。

有人问一位工作人员："你今天上午做了什么，花了多少时间？"答曰："起草报告花了3小时。"其实，在这3小时中，他喝茶、抽烟花费了18分钟；中途休息了两次，花费了23分钟；与同事聊天花费了27分钟；接了三次电话，花费了5分钟。这样，闲杂事务总共花费了1小时13

分钟，实际上真正用于起草报告的时间只有1小时47分钟。可见，浪费的时间多么惊人。

因此，进行时间消耗记录，对时间使用进行统计分析，对于每个人提高时间利用率，是一件十分有利的工作。

这里介绍一位苏联昆虫学家柳比歇夫的时间统计方法。柳比歇夫的一生，成就显赫，硕果累累，他发表了70多部学术著作，写了12500张打字稿的论文专著，内容涉及遗传学、科学史、昆虫学、植物保护、哲学等广泛的领域。在这些成就中，有相当一部分要归功于他那枯燥乏味的日记本——"时间统计册"。

柳比歇夫每天的各项活动，包括休息、读报、写信、看戏、散步等，支出了多少时间，全部记录在册。连子女找他问话，他解释问题，也都在纸上作记号，记住花了多少时间。每写一篇文章，看一本书，写一封信，不管干什么，每道工序的时间都算得清清楚楚，内容之细令人惊讶。在1964年4月8日这一天，他这样记录道：

"乌里扬诺夫斯克。1964年4月8日。分类昆虫学：鉴定袋蛾，结束——2小时20分。开始写袋蛾的报告——1小时50分。

"附加工作：给达维陀娃和布里亚赫尔写信，6页——3小时20分。

"路途往返——50分。

"休息——剃胡子。《乌里扬诺夫斯克真理报》——15分；《消息报》——10分；《文学报》——20分；托尔斯泰的《吸血鬼》66页——1小时30分。听《沙皇的未婚妻》……

"基本工作合计——6小时45分。"

柳比歇夫从1916年元旦开始做时间统计。他每天核算自己花费的时间，一天一小结，每月一大结，年终一总结，直到1972年他去世那一天，57年如一日，从未间断。他每天记下每件事情的起讫时间，相当准确，误差不超过5分钟。他将所有毛时间都被扣除，只注意每天纯时间的数量。

他介绍说："工作中的任何间歇，我都要刨除。我计算的是纯时间，纯时间要比毛时间少得多。所谓纯时间，就是你花在这项工作上的时间。"

经过准确的时间统计，柳比歇夫把一昼夜中的有效时间即纯时间算成10小时，分成3个"单位"，或6个"半单位"。分别从事两类工作。第一类是创造性的科研工作，如写书、研究、做笔记等；第二类是不属于直接科研工作的其他活动，如做学术报告、讲课、开学术讨论会、看文艺作品等。除了最富于创造性的第一类工作不限死时间以外，所有计算过的工作量，都竭力按时完成。

1966年，在柳比歇夫76岁时，用来处理第一类工作的时间，平均每天为5小时13分。天天如此！ 5小时内绝没有歇会儿抽支烟的工夫，没有聊天谈话，没有溜达散步，也没有听别人的谈笑风生。这是真正不打折扣的5小时！

学习柳比歇夫的时间统计方法，我们会终身受益。

学会赢得时间从重视每一天开始。重视一天即意味着连现在的一小时也很重视，重视一小时即意味着连目前的一分钟也要重视，而重视时间即意味着重视每一瞬间。

出身贫寒，却因为不断努力而闻名世界的昆虫学家法布尔，也是一个很重视时间的人。法布尔说："忙得连一分钟休假时间都没有，对我来说才是最幸福的事。工作就是我最重要的生活意义。"他是非常努力的人，从少年时代对昆虫产生兴趣后，为了更深入研究，遂倾尽心力，即使一分一秒也不浪费掉，因此他最后完成了一部名著《昆虫记》。

我们常常说："今天一定要达到这个标准。"可是这并不表示只要在今天结束以前能实现目标就好了。有句话说："时间就是现在。"其意思就是要我们现在立刻出发。"今天这一天"并不仅指24小时，应该还指着现在的一小时或一分钟。所以，要你"今天一整天去奋斗"，也就是要你把握住现在的每一小时，每一分钟奋斗的意思。

常有人说，要写一本书实在是一件大事情。但目前一边上班、一边写小说的人却愈来愈多。因为他们平时上班总是朝九晚五，难以利用白天的时间，因此他们都利用上班前的5分钟来写小说，这样慢慢地写下去，不久就可以完成一本书，像这种5分钟的累积是很重要的。

存钱也是一样，想一下子就存大钱，会对正常的生活产生影响。假如每天存一点点，10元也好，20元也好，慢慢存下去，不久后就会变成大钱了。

只要能够养成珍惜每一刻而去努力的习惯，这样累积下去，就会产生意想不到的结果来。

学会管理闲暇时间

国外有个叫尼特的心理学家,通过对百年来活跃于世界实业界的人士调查发现,这些人成功的关键在于,他们善于利用闲暇时间去学习。

什么是闲暇时间呢?一般来说,闲暇时间就是可以供人们自由支配的时间,也就是我们平常所说的业余时间,也有人称之为"八小时之外"。但是,严格地说,真正的闲暇时间应该排除用于家务、饮食等方面的时间,即完全可供个人自由支配的时间。自由,是闲暇时间的一个特点。

一般来说,工作时间不能自由支配,工作时间的流向是基本确定的,具有一定的稳定性和限制性。然而,闲暇时间却截然不同,它没有强行规定人们的去向,自由度很大,基本上可以凭自己的兴趣加以选择。在闲暇时间中,人们为了满足自己的需要,可以去充分从事能够反映自我个性的、有价值、有意义的活动。闲暇时间的价值是很高的,它犹如编织知识网络地来回游动的梭子;对于发明创造来说,它是一种激发人的心理潜力的因素。

亚里士多德喜欢在闲暇时间捕捉蝴蝶和甲虫,他利用闲暇时间积累了人类历史上第一批昆虫标本,成为第一个昆虫分类学者。

达尔文从小就对打猎、旅行、搜集生物标本有着特殊的爱好,上大学时又利用闲暇时间广泛采集植物、昆虫和动物标本,后来业余爱好发展成为专长,成了举世闻名的生物学家。

在近现代自然科学领域做出了奠基性贡献的第一批科学家,有许多都不是以研究自然科学为职业的人。如达·芬奇是弗朗西斯一世的臣仆;天体力学和现代实验光学的奠基人开普勒的正式职业是编辑;现代生理学的奠基人哈维的职业是医生;现代实验磁学的奠基人基尔伯特是御医;创立解析几何的笛卡儿是军官;与牛顿同时发明了微积分的莱布尼兹是外交官……他们都是利用闲暇时间,不断积累,最终才有今天的成就的。

17世纪以后,在自然科学突飞猛进、日趋专业化和精密化的情况下,业余研究仍然是科学研究的一支重要的生力军,有不少第一流科学家是从业余研究走上科学研究道路的,如达尔文、戴维、爱因斯坦等。

善于利用闲暇时间,就要确立闲暇时间是一笔宝贵财富的观念。有人算了一笔账,虽然对于正在工作和学习的人来说,在一天里闲暇时间几乎等同于工作时间,但从一生来看,闲暇时间几乎四倍于工作时间。

闲暇时间是有志者实现志向的大好时光,是创业者艰苦创业的良时美辰。另外,在闲暇时间里,人们的体力和脑力得到了补偿,家庭关系更加和睦,社会交往不断扩大,人与人、人与社会的关系进一步融洽;在闲暇时间里通过开辟"第二职业"使自己的才能得到充分发展;通过业余学习和高尚的娱乐,使自己的知识结构得到改善和提高,人格得到充分的修养和完善。

对脑力劳动者来说,闲暇时间有时比苦思冥想更能促进思想上的突破,它能激发人的心理潜力,使大脑皮层在几十年里收藏的各种材料、经验——沟通，产生新的闪光思想。如果只把"八小时以内"看作是真正意义上的一天，而把闲暇时间只当作这三分之一时间的附属品，怎么能指望享受一天快乐的生活呢？又怎么能指望取得人生的更大成功呢？

科学地安排闲暇时间的方式是多种多样的，也是因人、因地、因时而异的。主要有以下几种方式：

一是开发式，就是把闲暇时间作为开发自己潜能、实现自我价值的时间；

二是结合式，闲暇时间与工作时间是相互反馈、相互影响的，结合式实际上就是把闲暇活动作为本职工作的延伸与扩展，专业知识的储备和补充；

三是陶冶式，即在闲暇时间里从事多种有益活动，以陶冶性情，增长学识；

四是调剂式，即闲暇活动与工作互相调剂，比如脑力劳动者在闲暇时间最好是干些体力活儿，室内工作者在闲暇时间最好到室外去，工作是逻辑思维的闲暇时间应以形象思维为主。调剂的另一层意思是做到紧松、忙闲、劳逸、张弛相结合。既不是只张不弛、张而忘弛，搞得很紧张，也不要弛而不张，弛而忘张，并力戒一味求闲，闲上加闲，而应该提倡张弛结合，劳逸适度。

闲暇时间是可贵的，闲暇时间是惊人的。据某研究机构调查：一个70岁的人，一生的工作时间是16年；睡眠时间是19年，剩下的便是闲暇时间。可见，所谓时间管理，就其本质来说，主要是对闲暇时间的管理。

学会运用碎片时间

善于运用零碎时间用来从事工作，你会发现会很快提高工作效率。俗话说：滴水成河。用"分"来计算时间的人，比用"时"来计算时间的人，时间多59倍。

达特茅斯医药学院睡眠诊所主任彼得·哈瑞博士的研究表明：大多数成年人每天平均睡眠在7~7.5小时，但是对很多人来说，6个甚至5个小时的睡眠，就已经足够了。超过你需要的睡眠只是把时间耗掉而已，对健康不但无益而且可能有害。

哈瑞博士说："要找出你需要多少睡眠，你应该以不同的睡眠长度来做试验，每一种试验一或两个星期。如果你只睡5个小时，仍然觉得心智敏捷，工作有效率，那就用不着强迫自己躺在床上7个小时。如果你睡了8个小时，仍然觉得软弱无力，难于集中精神，那你可能就是那些需要10个小时睡眠的人之一。"

根据弗吉尼亚大学精神病学系睡眠试验室主任罗勃·范卡索博士所说，人所需要睡眠长度的不同，似乎和新陈代谢、身体状况以及从白天活动中得到的乐趣有关。他说："做无聊而令人厌烦的工作，会使人以更多的睡眠，来避免面对每天冗长而乏味的例行工作。因此，我不会要求每一个人都制定一个同样的睡眠时间表，但是大多数的人就是比平时少睡很多，仍然能够过得不错。"

还应该注意到的就是有些情况会影响人的睡眠：在感到特别有压力或生病的时候，人就会需要更多的睡眠。

不要把一些短暂的时刻（约了一起吃中饭的人迟到时，或在银行排队，向前移动缓慢时）视为虚耗掉的时间，而要当成意外的收获，可做一些平常要延缓去做的某些事情。

推销员常常发现在接待室等待和顾客面谈的时间，足够他办完所有纸上作业：写一份和上一位顾客面谈的报告、写给顾客以及可能成为顾客的人的信件，计划以后拜访哪些人，填写支出费用报告等。每一个人都可以找些适当的小工作，利用这种零碎时间来完成，只要把必备的表格或资料带在手边就可以了。

不要认为这种零碎的时间只能用来办些例行纸上作业或次优先的杂务。最优先的工作也可以在这少许的时间里来做。如果把主要工作分为许多小的"立即可做的工作"，我们随时都可以有费时短却重要的工作可做。

因此，如果时间因为别人没效率而浪费掉了，要记着：这还是自己的过失，不是别人的。

荣获诺贝尔物理学奖的印度学者雪曼说："每天不浪费或不虚度或不空抛剩余的一点点时间，即使只有五六分钟，如果用得好，也一样可以有很大的成就。游手好闲惯了，即使有着聪明才智，也不会有所作为。"

但是有的人不太珍惜时间，认为点滴的时间就那么一点点，而且"零零碎碎"的，能学到什么东西？一点一滴可谓微也，但滴水可以汇成大河、大江、大海。宋代文学家苏东坡有这样的诗句："竹中一滴曹溪水，涨起西江十八滩。"

汇涓涓细流以成大海，积点滴时间以成大业。事物的发展变化，总是由量变到质变的。"点滴"的时间看起来很不显眼，但这些零零碎碎的时间积累起来却大有用场。史书上记载了陶宗仪积叶成书的故事。

陶宗仪是元末明初人，在江苏松江做乡村教师时，亲自耕田种地，休息时，常把自己的治学心得、诗作、所见所闻，随手写在摘下来的叶子上，放进一个瓮里。满了就埋在树下，如此日复一日，年复一年，装满了十多瓮。后来，他将这些瓮挖出来，将叶子上的文字摘录、整理，这就是我们今天看到的共有三十卷的《辍耕录》。

唐代著名诗人李贺只活到27岁，但却成诗千首。他写诗如泻珠吐玉，呼之即出，如此成就，是与他"每旦日出，偶有所得，书投囊中，及暮归，足成之，日率如此"分不开的。宋代诗人梅圣俞不论吃饭、睡觉、外出，每有所得就很快写下来放到随身的一个袋子里，所以"梅圣俞的诗袋"被当作佳话在文坛流传。

还有北宋著名女诗人李清照和她丈夫在饭后，常常在一起喝茶。夫妇约定：喝茶时，她或他随便讲一件史事，谁先背出这个典故出自某书某页，谁就可以品茶一杯，答不出的，只能闻闻茶香。

计算一下，一天三顿饭，每顿饭只问书中一件事，一天就可温习三件事，一个月就可以温习九十件事，一年甚至十年，光饭后茶余的点滴时间，所温习掌握的知识就非常可观了。

知识做梦做不来，伸手要不来，只有靠刻苦学习，日积月累。

有的人觉得，读书、写作、科研，就得有大块时间，零散时间在他们看来是毫不足道的，谁要这样想和这样企求，谁就永远做不成大事。

历史学家吴晗曾经这么说过："那些年总想找个比较长的完整时间写东西……光写文章，这个不现实的主张想法，害苦了自己，老是在等，总等不来，可以利用的时间也就轻易地滑溜过去了。如今，不这样想了，一有时间就写，化零为整，许多零碎时间妥善地利用起来，不就是一个大整数？这笔账过去不会算，自己想想，真是蠢得可以！"

平时，我们常想一篇很有价值的论文、一部想象丰富的科幻小说的作者从哪里搜集这么多的资料呢？其实这绝非朝夕之功，而是日积月累，辛勤劳动的结晶。没有平日的艰苦努力，企图在一个早晨突然成为世界上智力超凡的人物，那只能是空想。

时间像水珠，一颗颗水珠分散开来，可以迅速被汽化，变成雾飘走；集中起来，可以变成溪流，变成江河。集中的方法之一是用零碎的时间学习整块的东西，做到点滴积累，系统的提高。获取高深的知识，没有"捷径"可走，只能靠平时一点一滴地积累，才能实现。我们应该以陶宗仪、李贺等为榜样，在学习中注意点滴积累，系统的提高，不断攀登科学文化的高峰。

▶ 让一天有25个小时

一天有25个小时这并不是荒诞的说法。只要按照下面所说的去做，相信你也会认同的。

第一，善于运用时间。什么时候做重要的事情最合适？生理学家克莱特曼医生的研究显示，人的正常体温在一天之中的变化可相差达1.65摄氏度之多。体温变化的模式会影响你的工作效率、精神集中程度及心理状态。

人通常在早上的后半段和傍晚的中段神志最清楚。下午的时候人会感到越来越想睡，下午两三点钟是工作效率的"低谷"。体温在下午6点钟到8点钟达到高峰之后，很多人会精神减退。

用你的工作效率最高的时间处理困难的事情，或者从事创意思考。工作效率低的时间则用来看报、整理档案、打扫或清理信件。配合自己的精神状态去工作，可以事半功倍。

第二，事先计划。你开车去不熟悉的地方，会不会先不问路或不带地图？时间管理专家认为，每次花少许时间去预先计划，会收效显著。事先花20分钟筹划，稍后就不必花一个钟头去回想该做些什么事。

《生活安排五日通》一书的作者赫德莉克说："不要把所有活动都记在脑袋里，应把要做的事写下来，让脑子做更有创意的事情。"每天都列张工作清单。按照重要程度用数字给它们排次序。要是事情较多，就把最迫切的列为"甲类"，次要的是"乙类"，再其次是"丙类"，或者用不同颜色的笔来分类。

第三，分清轻重缓急。拣出重要的文件，加以分类"处理"（需处理或需交托别人去做的），"阅读"（一有空就要看文件）以及"存档"（将来可供参考的文件）。把"处理"的一堆放在显眼的地方，其余两堆则放在一旁。只把主要的文件放在办公桌上，你就可以避免分心而浪费时间。

第四，闭门谢客。许多人喜欢说他们办公室的门是永远打开的。然而，如果每个不速之客都接待，你也许办不成什么事。应该找些委婉的方式保护自己，避免突如其来的干扰浪费你的时间。公共关系专家列维把他的开门政策稍加变化——让门半掩着。这意义很清楚：他其实不想让你进去。但要有应付不速之客的另一个办法：告诉对方你事务繁杂，向他道歉，然后请他在你不忙或工作效率较低的时间再来。

第五，不受干扰。电话最能帮助我们节省时间，也最能浪费我们的时间。《时间管理新法》一书的作者麦肯齐说，想把长篇大论的来电挂断可以先定个时限，然后用"大致上就是这样了……"之类的话题暗示交谈应该结束了。

打电话之前要弄清楚打电话的用意。如果你要谈好几件事，就先记下来，然后一一照着谈。忙碌的人会希望你直截了当。如果不想让自己打出的电话不受欢迎，就要记下你通常要打电话的对象什么时候最不忙；更好的办法是先约定时间再打重要的电话。

第六，不要光等。如果知道等候是不可避免的，可以随身带些阅读的材料。公事包或者文件夹里放些文件、报告、刊物或剪报。

第七，稍做休息。尽量利用时间并不等于必须每一刻都埋头苦干。做日常工作之际稍做休息，可以帮助你稍后做得更快更好。中午打个盹可以恢复体力。运动一下也可以让头脑清醒，身体放松。就算只是交替做深浅呼吸10分钟，也有松弛身心的作用，令你精神焕发。

为了让大家每天可以多得一个小时，有个钟表匠制造了一种特别的计时器，每分钟只有57.6秒。每分钟省下2.4秒，一天下来多了近60分钟。其实，只要善用时间，你也可以每天"多"一个小时，得益无穷。

▶ 今日事，今日毕

本杰明·富兰克林曾说过：今天可以做完的事，一定不要拖到明天。如果我们时时抓住"现在"，那么我们就能完成许多事情；反之如果常想"明天"或"将来什么时候"，我们将会一事无成。

张海迪是著名作家，被誉为"当代保尔"。在5岁时，她因为脊髓血管瘤造成高位截瘫，成了残疾人。每当她坐在窗口，看着那些上学小孩的身影，心中就无比羡慕，她也想去学校读书啊！可是，对小海迪来说，这只能是梦。

一天，她终于按捺不住心中的渴望，对妈妈说："妈妈，我要上学！"话刚说完，她就看见妈妈背过身，用手摸着脸。张海迪想，妈妈一定是哭了。

妈妈说："孩子，妈妈和爸爸会让你学到知识的！"

见张海迪这样渴望上学，渴望学习知识，妈妈决定说什么也要满足她的心愿，不能去上学，家里请不起老师，爸爸妈妈只能在下班后亲自教她。

张海迪很高兴，也特别爱学习，但手术造成的肋间神经痛时时折磨着她病弱的身躯。有时，她实在感到疼痛或疲倦，连作业都无力完成，就对妈妈说："这些作业我明天再做行吗？"妈妈却郑重地对她说："今日事，今日毕！"

听了妈妈的话，张海迪明白，学习是自己的事，决不能拖拉，就在心里告诉自己："我要像在学校读书的孩子一样，每天完成作业！"于是她每天都定下计划，不完成当天的计划不睡觉，决不把今天的事拖到明天去做。

就这样，没有机会走进校门的张海迪靠发愤努力，学完了小学、中学的全部课程，还自学了英语、日语、德语等，并攻读了大学本科和硕士研究生的课程。在学习的同时，她还从事文学创作，先后翻译了《海边诊所》等数十万字英语小说，编著了《向天空敞开的窗口》《生命的追问》《轮椅上的梦》等书籍。

今天的事情不能拖到明天再做，只有能够掌握好自己的时间的人，才能掌握好自己的前途。

李大钊说："我以为世间最可宝贵的就是'今'，最易丧失的也是'今'。"他还引用哲学家耶曼孙的话说："昨日不能捉回来，明天还不确定，而最确有把握的就是今日，今日一天，当明天两天。"

应该懂得，补昨日之非，创今日之是，必须通过今天的努力；谁要今天胜过昨天，明天又胜过今天，也只有努力于今天；虚度今天，就是毁了昔日成果，丢了来日前程。一个人不抓住"今天"，他就等于丧失了明天，因为当明天到来的时候，又转化成为"今天"。

所以，今天最有潜力，最有价值。只有今天，才能揭示人生的意义；只有今天，才能描绘意想中"明天"的画卷。"今日事，今日毕"应该成为我们的行动格言，应该用智慧开掘今天的宝藏，用汗水开发今天的生活。

丘吉尔平均每天工作17个小时，还使得十位秘书也整日忙得团团转。为了提高弛缓的政府机构工作效率，丘吉尔还制定了一种规定，他给那些行动迟缓的官员们的手杖上，都贴上一张"即日行动起来"的签条。

"加强责任感，打破条件论；下苦功，抓今天。"这是作家姚雪垠在创作《李自成》时，给自己总结的四句座右铭。他不顾年高体弱，坚持每天凌晨三点左右起床，每工作在十小时以上，节假日也是如此。

丘吉尔和姚雪垠的事例说明，"今日事，今日毕"，不仅是人才成功之道，而且是任何有作为的人在不同的领域有所建树的重要条件。

"今日事，今日毕"，不要等明天再补。

许多人也知道时间珍贵，可总是抓不住，这是什么原因？一个重要的原因是这些人往往只寄希望于"明天"，这些人的一个共同特点，就是喜欢预支时间，总是一次又一次地把希望寄托在明天，所以，许多宝贵的学习时间就这样地在自我安慰中悄悄地跑掉了。

他们干一番事业的愿望总在设想阶段。好像一粒种子，在手里老是掂来掂去，总没有机会播到泥土里，让它生根、开花、结果，最后种子也坏了，再也种不下去了。

正如《堂吉诃德》的作者塞万提斯所讲："取道于'等一等'之路，走进去的只能是'永不'之室。"

谢觉哉说："最好不是在夕阳西下的时候幻想什么，而是在旭日初升的时候即投入工作。"如果你想成功，就"今日事，今日毕"吧，你应该像东晋名将祖逖少年时听到鸡叫声那样，蹬一下睡在脚下的同伴说："起来吧！你听，这是多么动听诱人的声音，它在召唤有志者，惜取寸阴，去努力奋斗！"

如果你家务忙，挤去了学习时间，那你不妨看看著名小说《呼啸山庄》作者的故事吧。她承担着洗衣服、烤面包、烹饪等家务，她在厨房干活，带着铅笔和纸，一有空隙就写。如果你劳累困倦了，你就想想著名山水画家黄宾虹的一句名言："有谁催我，三更灯火五更鸡。"

如果你玩性十足，不能控制自己，那你就学学列宁放弃多年爱好下棋的决心。列宁小时候是个棋迷，他的父亲、哥哥都很爱下棋，他更加入迷，甚至还和朋友通信都谈下棋。但是，当列宁一开始挑起革命重担后，他就坚决不再下棋了。

要把今天的事情做完，首先要合理安排自己的时间，千万不要把时间平均分配，而是应该把有限的时间集中到处理最重要的事情上，要机智而勇敢地拒绝不必要的事和次要的事。要善于把握时间，每一个机会都有可能是事情转折的关键时刻，有效地抓住时机，就可以牵一发而动全局，要用最小的代价取得最大的成功，促使事物往好的方面转变，推动事情向前发展。